미래한국여행

자유와 정의를 향하여

미래한국
여행

자유와
정의를
향하여

김범수 칼럼집

서문

우리 시대, 미래를 향한 작은 기록들

어느덧 과거가 된 글들. 하지만 눈과 생각은 언제나 미래를 향하고 있었다.

시사정론지 <미래한국>의 발행인 및 편집인으로서 지난 10여 년간 썼던 커버스토리 칼럼 '미래길'을 책으로 엮었다.

이제와 다시 읽어보면 빠른 정세변화 속에서 격세지감이 있는 부분도 있지만 다뤄진 대부분 이슈들은 지금도 현재진행 중이고 모든 글을 관통하는 가치와 지향점에는 변함이 없다.

그 가치와 키워드는 바로 자유와 정의. 자유liberty는 대한민국의 궁극적 지향점이자 국가 정책의 기준이며 개인의 특권이지만 우리가 그 중요성을 잊고 지냈고 전체주의의 시대적 흐름 속에서 점차 훼손돼온 가치이다.

특히 세계 자유진영과 중국·러시아의 신냉전이 본격화되고 있고 국내에서는 여·야 가치이념 대립이 심화되고 있으며 핵으로 무장한 전체주의 북한과의 대치 상황이 지속되고 있는 가운데 자유민주주의 체제는 더 이상 우리의 당연한 미래가 아니라 선택지가 되고 있기에 자유의 가치에 대해 경종을 울리고 있는 것이다.

정의^{justice}는 국가사회의 또 하나의 최우선 지향이자 지상 명령이다. '오직 정의를 행하며 인자를 사랑하라'(미가 6:8). 정의를 행하고 인자^{mercy}를 사랑하는 것이 무엇일까. 사회적 약자를 돌보며 다함께 잘사는 사회를 만드는 것이고 그러기 위해서는 자유와 평등, 성장과 나눔을 함께 추구해나가야 할 것이다.

우리 시대의 가장 큰 불의^{injustice}는 바로 북한인권 문제가 아닐까. 우리 누이와 딸들이 먹을 것을 찾아 국경을 넘다가 단돈 몇백만 원에 인신매매로 팔려가고 공개처형과 정치범 수용소가 21세기 한반도에서 공공연히 유지되고 있음에도 불구하고 이러한 사실을 외면하며 남북관계의 정치적 논리를 들이대고 있는 기막힌 현실. 북한인권 문제에 대해 감겼던 우리 눈과 귀가 열리고 범국민적 의분^{義憤}이 일어나게 될 때 비로소 막혀 있던 수많은 우리사회 문제들이 풀려지고 자유통일의 길이 열리게 될 것이다.

개인적으로는 이 글들이 치열했던 과거, 젊음의 흔적이기도 하다. 20~40대를 거치며 나름 자유 대한민국 수호와 통일을 향한 열정과 사명감에 넘쳐 언론인과 사회운동가로서 전력해왔는데 그 시작점과 과정에 대해서는 미래한국과 세이브NK의 설립자이자 인생의 멘토인 장인어른 고㊔ 김상철 변호사님을 언급하지 않을 수 없다. 이에 책 부록에 사단법인 김상철기념사업회 발간 추모집에 실었던 회고글을 담았다.

그간 활동에 대해 잘 모르는 지인들은 가끔 내게 '직업'이 무엇인지 묻기도 한다. 그것은 아마도 지난 열정과 수고의 가시적 성과가 잘 보이지 않기 때문이기도 할텐데 그 책임은 시대가 아니라 오롯이 나의 몫일 것이다.

정치를 왜 하려고 하는가. 여전히 철이 없는(?) 것일까, 보다 자유롭고 정의롭고 따뜻한 사회, 그리고 자유 통일의 그날을 꿈꾼다. 이것은 언제인지부터 모르지만 꽤 오래 전부터 내 안에 심겨지고 자라온 소명이다.

그리고 새로운 집과 터전, 수많은 선후배와 친구들, 새로운 꿈과 비전이 생겼다. 바로 용인과 용인 시민들이다. 인구 증가와 부동산 가격 상승폭이 전국에서 가장 높고 세계 반도체의 3분의 1이 생산될 용인특례시는 이제 국내를 넘어 세계 최고 수준의 도시로 발돋움하게 될 것이다. 함께할 미래가 설렌다.

받은 은혜와 사랑이 너무나 크다. 수많은 벗들, 사랑하는 아내와 아이들, 양가 부모님과 가족들, 그리고 날마다 동행해 주시는 나의 하나님께 나의 젊음과 미래, 우리 시대의 어젠다들이 담긴 작은 이 책을 바친다.

2024.1. 용인에서
김 범 수

추천사

류우익 서울대 명예교수, 전 통일부 장관, 대통령실장

과거를 돌아보는 것은 미래를 내다보기 위함이요, 먼저 이룬 남을 바라보는 것은 그들의 성취에서 교훈을 얻으려 함이다.

독일 국민은 1832년 나폴레옹 점령 하의 Hambacher Fest에서 "Freiheit und Einheit$^{자유와\ 통일}$"를 결의한 후, 1949년 서독 기본법^{Grundgesetz}에서 그 원칙을 재확인하고, 1990년 마침내 '자유가 있는 통일'을 이루어 냈다. 그리하여 독일 국민은 제3제국과 동서분단의 진통을 넘어 하나 된 자유시민으로서 다시 세계사 앞에 당당하게 일어섰다.

이처럼 역사는 자유를 확대하는 과정이었고, 미래는 자유로운 땅에서 함께 어울려 사는 데 있다. 그러므로 오늘날 우리가 자유를 누리고 그 바탕 위에서 번영을 구가하고 있다면 억압과 궁핍 속에서 고통스럽게 살아가는 북한 주민들의 자유와 번영을 위해 힘쓰는 것이 또한 마땅하다. 현실에 안주하는 것이 아니라 모두의 꿈을 향해 앞으로 나아가야 하는 것이다. 여기에 국가비전으로서 자유통일의 당위가 있다.

나는 <미래한국여행 : 자유와 정의를 향하여>의 저자 김범수

미래한국 회장을 그의 젊은 시절부터 알고 지냈다. 그는 이 정통 보수 저널을 창간한 김상철 변호사의 사위로서 자유, 정의, 평화를 향해 헌신한 장인의 정신과 유업을 이어받았다.

지금 그는 <미래한국>, <태평양아시아협회PAS>, <세이브 NK>를 이끌면서 차세대 디지털 산업의 새로운 기지로 발돋움하는 용인특례시에서 미래로 가는 문을 여는 대오에 앞장서고 있다.

이 책은 '자유통일'의 깃발을 똑바로 세우고 구체적 정책대안을 찾아 제시하는 젊은 지성, 새로운 리더의 미래를 향한 목소리이다. 북한인권 문제를 통일정책에 접목시킨 탁견이 특히 돋보인다. 많이 읽히고 치열하게 토론되어 자유통일과 그 너머로 나아가는 큰 흐름으로 이어지기를 기대한다.

추천사

김병준 사랑의열매 회장, 전 자유한국당 비대위원장

우리 사회에는 바르고 선하게 살면 오히려 손해를 보거나 패자가 된다는 생각들이 적지 않게 산재해 있다. 이렇듯 보상과 징벌이 거꾸로 된 세상은 역逆 인센티브 세상이다. 잘못된 규정과 규제들, 그리고 전도된 가치관이 자유와 정의를 훼손시키고 있기 때문이다. 그 결과 우리 사회가 과연 미래에도 지속 가능하겠느냐는 의문들이 고개를 들고 있다.

이러한 때에 나와 함께 많은 시간을 통해 대화하고 지방자치 개혁의 소명도 같이 했던 김범수 동지同志의 자유와 정의에 관한 성찰, 그리고 미래 한국의 대안을 모색한 책이 나와 기쁜 마음으로 추천의 펜을 들었다.

오랫동안 우리는 타율의 세상을 살아왔다. 조선왕조 500년, 일제강점기, 그리고 광복 이후의 권위주의 정부 시대의 역사가 그랬다. 민주화 이후도 마찬가지, 시민사회와 시장의 목소리는 커졌지만 국민은 어리석고 사납고, 그래서 국가나 정부가 규제하고 가르치고 지배하지 않으면 안 된다는 전제와 생각들이 유령처럼 살아 돌아다니는 사회를 이어왔다.

철 지난 좌우 논리로 고민과 답을 찾는 노력을 방해하기도 한다. 영국의 블레어 총리가 새로운 정책 패러다임을 제시하면 '제3의 길'이라며 손뼉을 치면서도, 우리 사회에서 새로운 길이 제시되면 '좌회전 깜빡이를 켜고 우회전'을 하느니, '우회전 깜빡이를 켜고 좌회전'을 하느니 비난을 해 온 것도 사실이다.

심지어 진보, 보수의 이름으로 진보, 보수의 기본원칙과 철학을 짓밟기도 한다. 진보가 '동일노동 동일임금'의 원칙을 가볍게 여기며 대기업 노동자들의 이익을 대변하는 것이나, 보수가 '자율'의 철학을 뒤로한 채 권위주의 문화를 정당시하는 것은 그 좋은 예이다.

저자는 이 모든 자가당착의 현실들에 대한 해법으로서 우리가 잊고 있던 자유와 정의, 그리고 인권이라는 보편 가치와 원칙으로 돌아갈 것을 제시하고 있다. 이를 위해 저자는 우리 사회와 경제, 정치, 안보 각 영역에서 발생하는 문제들을 진단하고 그러한 문제에 이념에 앞서 자유와 정의, 인권의 보편칙이 어떻게 훼손되어 있는지, 적실하게 드러내고 길을 제시한다. 특히 통일을 향한 그의 북한인권에 대한 소명 의식과 10년 넘게 활동해 온 국제적 노력들은 요동치는 동북아질서를 바라볼 때 그가 옳았다는 성찰과 함께 그 결실도 맺어가고 있음을 본다.

자유와 정의, 그리고 인권은 인류의 보편적 가치일 수밖에 없다. 그 의미를 고단하고 다난한 우리 사회의 현실에서 다시금 반추하고 각성할 때 문제의 해결점이 비로소 보이리라는 것은 분명하다. 그런 의미에서 이 책의 일독을 많은 분들께 추천한다.

목 차

서문 _ 5
추천사 _ 9

자유

1장 자유를 보수하자

촛불의 반성 _ 21
한번도 경험해보지 못한 '멋진 신세계' _ 24
조국과 친문, 그들이 돌아갈 고향은 없다 _ 27
공수처와 리바이어던의 유혹 _ 30
연동형비례제와 '의회 파시즘' _ 33
눈먼 자들의 도시 _ 36
2019 무엇을 할 것인가? _ 39
보수의 반성과 희망 _ 42
자유한국당의 결단과 미래 _ 46
정치가 희망이 되려면 _ 49
국정원, 해체가 아니라 진화가 답이다 _ 52
'국정원 해체' 시위와 모사드의 교훈 _ 55
이석기, 박원순, 그리고 호치민 _ 58
큰 별은 졌고 유토피아는 없었다 _ 61

2장 자유 없는 평화 – 대북, 대중관계

종전선언은 평화의 조건이 될 수 없다 _ 65
굴종으로 얻을 평화는 없다 _ 68
한일관계 파탄의 승자는 북한 _ 71
상무정신과 시대정신 _ 74
미군 철수 구호와 문재인 정부 _ 77
6·25 청산의 조건 _ 80
중국의 민주화를 기다리며 _ 83
시진핑의 중국몽과 '샤프파워' _ 86
'중국몽'은 大國을 담을 수 없다 _ 89
몰려오는 전운 아래서 _ 92
유엔의 사명과 한반도의 운명 _ 96
남북 국회회담과 언방세 추진 _ 99
트럼프의 승부와 우리의 선택 _ 102
종전선언과 평화 _ 105
남북연방제와 헌정수호의 길목에서 _ 108
태영호의 증언이 말하는 것 _ 111
자유의 적 _ 115
'다키스트 아워'를 밝힐 빛 _ 118
남북대화의 청구서 _ 121
대화라는 이름의 질병 _ 125
평창올림픽과 체제 경쟁 _ 128
통큰 김정일씨의 자상한 유머감각 _ 131
北-中 사이버테러와 '내 안의 김정일' _ 135

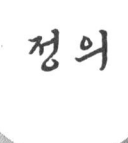

정의

3장 불의한 사회 - 아, 북한인권

멈춰진 '북한인권 시계'가 다시 움직일 때 _ 141
'게임 체인저' 북한인권, 왜? _ 144
북한인권법, 물타기 말라 _ 147
탈북여성 긴급 구출 작전 _ 150
탈북민 문제, 봄은 오는가 _ 153

4장 정의는 어느 편일까

역대 비리 사건들과 대장동 게이트 _ 157
'국민의 저녁을 빼앗는' 주52시간 근로제 _ 160
공수처와 검찰개혁, 정의는 어느쪽 편일까 _ 163
한번도 경험해 보지 않은 나라 _ 166
윤석열 검찰의 역할과 한국당의 책임 _ 169
'연금 사회주의'의 교훈, 너나 잘해라 _ 172
사법부의 자해를 바라보며 _ 175
정의를 강물같이 흐르게 하자 _ 178
정의로운 전쟁 _ 181
빗나간 분노, 월가 점령 시위 _ 184

5장 보수의 과제

행복의 시작, 지방자치 개혁 _ 188
시민이 없는 시민사회 _ 191
'2017년 체제'를 넘어서 _ 194
보수는 무엇으로 사는가 _ 197
보수의 내려놓기 _ 200
2016년 미래의 길 _ 203
통일과 역사교과서 논쟁 _ 206
개성공단 문제와 노조개혁 _ 209
언론 개혁의 과제 _ 213
2013 무엇을 할 것인가 _ 216
승리 이후의 과제 _ 219
올림픽 이야기 - 보수의 스포츠학 _ 221
보수의 전략전술론 vs 홈그라운드론 _ 224
서울시 무상급식 투표가 남긴 것 _ 227
反부패운동과 회개운동 _ 230
건국일이 없는 나라 _ 233

6장 부록 - 인터뷰, 에세이

월간중앙 _ 239
월간조선 _ 249
시사저널 _ 251
사랑하는 나의 장인, 사명의 시작 _ 254

자 유

1장
자유를 보수하자

촛불의 반성

10년전 광화문 광장은 촛불의 바다였다. 미친소, 미국소 먹으면 뇌에 구멍이 송송 난다며 광장을 밝힌 광우병 촛불. 하지만 10년이 지난 오늘 미국산 쇠고기를 먹어서 탈이 난 사람도, 그때의 광풍과 구호를 기억하는 사람도, 여론을 오도하던 언론들의 반성도 없다.

지난해 한국의 미국 쇠고기 수입은 2년 연속 세계 2위를 차지했다. 10년전 라디오방송을 통해 광우병 선동에 앞장섰던 코미디언 출신의 방송인은 보란 듯이 미국산 쇠고기 레스토랑을 열었다.

촛불은 2002년 미군 장갑차 여중생 사망사건이 미군의 고의적인 살인이라고 주장하며 타올랐고 2008년 광우병 선동으로 재점화 됐다.

촛불은 헌법과 의회라는 민주제도를 넘어 아테네를 타락시킨 선동의 데마고기^{demagogy}로 자리 잡았다. 민주주의가 타락하면 어리석은 민중들의 중우衆愚정치, 폭민暴民정치가 될 수 있다던 2천년 전 플라톤의 경고가 오늘 대한민국에서 현실화되고 있는 것이다.

촛불은 헌정憲政을 대체할 수 없다. 이는 공화주의 정치철학에서 포기될 수 없는 가치다. 100만개의 촛불로도 국민의 뜻은 대표되지 않는다.

국민은 헌법의 입법권자로서 단일한 존재다. 국민의 뜻은 헌법의 정신이 천명한 건국의 이념과 보편성에 부합하는 규범과 공동선善을 지향하는 정당성 안에 있다.

민주사회에서 그러한 국민의 뜻이 어디에 있는지를 밝히자는 것이 공론公論이고, 민주제에서 공론의 장이 바로 의회다. 그래서 국민 대의代議를 위해 국회가 존재하는 것이다.

촛불정치는 대의제도의 실패를 의미한다. 광장의 촛불은 의회가 대의해야 할 공론의 이성이 잠들어 등장한 군중들의 병리현상이다.

이제 우리는 다시 공론의 장으로 돌아가야 한다. 보편성에 기꺼이 복종하겠다는 의지를 가지고 공론의 장에서 누구의 주장에 더 보편적 원리와 덕의 가치가 있는지 토론하고 설득하는 의회주의를 되살려야 한다.

이를 위해 우리는 10년전 광우병 선동 촛불의 잘못과 부덕함을 오늘 철저하게 반성하고 기록으로 남겨야 한다. 그래야 후대가 우리의 기록들 속에서 선동과 공론의 실패가 대한민국을 어떻게 후퇴시켰는지를 깨달을 것이고 '촛불민주주의'라는 것이 얼마나 반민주적이고 반공화주의적 어젠다 였는지 돌이켜 보게 될 것이다.

민주주의는 이성을 가진 개인들 속에는 있지만 불특정 다수의 전체 속에는 없다. 덕을 갖춘 시민들 속에는 있고 혁명을 부르짖는 군중들 속에는 없다. 자유와 소유를 포기하지 않는 이들 속에는 있고 약탈하려는 자들에게는 없다.

누구나 자신이 옳다면 그것이 정말 옳은지, 그리고 그 결과가 좋은지에 대한 성찰적 질문을 해야 한다. 그것이 없다면 촛불의 광란은 끝내 대한민국을 태워 없애는 '망국의 방화放火'로 역사는 기억하게 될 것이다.

2018.4.30.

한번도 경험해보지 못한 '멋진 신세계'

그것은 결코 멋진 세계도 아니고 용기 있는 세계도 아니었다. 한 난자卵子에서 180가지의 인간을 생산해내는 공장과 그 아이들을 타율과 강제에 의해 주어진 조건 속에서 교육 훈련시키는 장면으로 올더스 헉슬리의 <멋진 신세계>는 시작된다.

실험용 병 속에서 태아가 자라나고 267일 만에 기계적으로 대량 생산되는 태아들은 햇볕이 드는 방으로 옮겨져 병마개가 따진 후 유아실로 들어간다. 그리고 계급이 정해진다. 질서 정연한 유토피아의 세계다. '과학이 만병통치약'이라는 믿음이 창조한 이 멋진 신세계의 본질은 파시즘이다. 다만 그 과학을 '민주'라든지 '평화'로 바꾸어도 역시 파시즘의 본질은 변하지 않는다.

수많은 철학자를 배출했던, 그래서 논리와 이성적 사유로 치자면 그 어느 나라 국민에게도 뒤지지 않았을 독일인들은 너무나

쉽게 히틀러의 나치즘에 열광했다. 히틀러는 대중들에게 '독일인들은 평등하게 될 것'이라고 연설했다. '나치의 법은 정의로울 것'이라고도 했다. 당연히 그 평등과 정의는 나치에 복종하는 것으로만 보장됐다. 이를 위해서 자유는 반납되어야만 했다.

문재인 대통령의 취임사는 일견 근사해 보였다. "기회는 평등할 것입니다. 과정은 공정할 것입니다. 결과는 정의로울 것입니다." 문재인 대통령은 그렇게 해서 "우리가 한번도 경험해 보지 못한 나라에 살게 될 것"이라고 취임사에서 공언했다.

실제로 우리는 이제까지 경험해 보지 못한 일들을 겪고 있는 듯하다. 서민을 위한다던 최저임금 인상은 서민들의 일자리를 줄이고 있다. 우리 안보에 절대적으로 필요한 미국, 그리고 우리 안보를 위협하는 북한으로부터 동시에 '우리 중에 하나를 선택하라'는 꿈인지 생시인지 모를 요구를 받고 있다.

본업이 주식투자인지 재판인지 헷갈리는 판사가 국민들의 월등한 반대 여론에도 불구하고 헌법재판관에 임명되고 대한민국 국민은 커녕 간첩이 아닌가 의심될 정도의 친북성향 학자가 '통일부' 장관에 임명됐다. 1심에서 대선여론조작으로 유죄를 선고받은 김경수 경남지사가 법정구속되자 민주당 의원들은 판사를 적폐라고 탄핵리스트에 올리더니 급기야 보석으로 풀어줬다.

판사에게 형량 민원 청탁을 넣은 민주당 의원에 대한 수사는 말이 없고 야당 의원들의 공기업 인사 청탁은 진실이 밝혀지기도 전에 유죄로 간주되어 이름이 공개된다. 3줄 자기소개서에 귀거리 점퍼 면접을 하고 붙었다는 대통령 아들의 공기업 취업 특혜 의혹이나 행적이 수상한 대통령의 딸과 그 부군 이야기만 나오면 나라가 뒤집어질 정도로 청와대와 여당은 지금은 다수가 된 언론과 더불어 난리를 친다.

그 어디에 과정이 공정하고 결과는 정의로운가. 그런 것이 문재인 대통령이 말한 '한번도 경험해보지 못한 나라'라면 굳이 경험하고 싶은 국민들은 없을 것이다.

추락하는 것은 날개가 있다. 추락한 것은 날개로 인해 날아 올랐고 그래서 그 날개 때문에 추락한다. 권력은 날개다. 높이 오르는 자는 추락할 때 그 만큼 위험하다. 문재인 정부는 지금 너무 높게 날아 오른 것이 아닌가. '우리가 한번도 경험해 보지 못한 나라'는 그럴만한 이유를 갖고 있기에 지금까지 모든 세상 사람들이 관습적 지혜로 피해 온 것이 아닐까.

2019.4.25.

조국曺國과 친문親文, 그들이 돌아갈 고향은 없다

이문열의 중편소설 '그대 다시는 고향에 가지 못하리'는 잃어버릴 수밖에 없는 것들에 대한, 그래서 잃어야만 하는 것들에 대한 자별 인사다. 유년의 기억들 속에 자리한 아름다운 고향은 '장려한 낙일落日도 없이' 기억의 깊은 어둠 속으로 침몰한다. 하지만 그 잃어버림을 통해 우리는 미래의 유산을 축적하는 성숙의 세계로 들어간다.

586운동권에게도 그러한 고향이 있었을 것이다. 타는 목마름으로 썼던 '민주주의'와 '평등의 바다'로 나아가던 '그 날'. 하지만 새파랗게 젊던 이립而立의 날들이 지나고 불혹不惑의 나이를 거쳐 지천명知天命을 넘은 그들은 장렬하게 떠나보내야 할 정신적 고향과 이별하지 못했다. '민족해방민중민주'라는 아름다웠던 시절의 이상은 이제 다시 서로서로의 어깨를 걸고 단일대오로 지켜나가야 할 새로운 동지적 약속, '그 무엇'이 됐다.

 그 무엇은 바로 그들이 그토록 혐오했던 자본주의의 물적 토대와 기득권 권력이었음이 이번 조국 법무부 장관 후보자 지명사건을 통해 만천하에 드러났다. 그리고 임명 과정에서 조국 후보자와 그의 친문親文 동지들이 보여준 지독히 위선적이고 정파적인 행태는 과거 '이상과 목마름'이 다름 아닌 출세와 권력을 향한 그들만의 방편일 뿐이었다는 혐의를 세상에 확증시켜줬다.

 권불십년權不十年 화무십일홍花無十日紅이라고 했지만 권력을 잡은 그들은 마치 천년이라도 살 듯하다. 이해찬 민주당 대표는 20년을 넘어 '50년 정권'을 선언했고 조국은 이제 그들의 일선에서 권력을 향해 나즉한 소리로 외친다, "my precious …"

 기득권을 향한 집착이 그들을 추악한 반지의 노예 '골룸'으로 만들어 온 것이 아닌가. 순수했던 청년 전태일, 열사 이한열이 그들의 목표를 위해 만들어낸 도구였을 뿐이며 오히려 그들이 비아냥거렸던 같은 세대의 '리버럴'들이 이 시대를 건강하고 책임 있게 살아온 것은 아니었던가.

 그들은 언제까지 시대의 '기생충'으로 살아갈 생각들인가. 민주화 이후 지금의 친문 586들은 무엇을 바라는 것일까.

 노무현 정권의 실패로 친노는 한때 폐족이 되어 역사 속에 묻혔지만 배부른 보수의 나태와 무책임은 죽은 친노를 역사의 무덤으로부터 소환한 것이 아닌가. 시대의 좀비들이 이제 문재인을 세워 토템정치를 하고 있고 이제 우리나라는 정말 '한번도 경험해보지 않은 나라'로 떠밀려가고 있는 것이 아닌가.

무덤에서 소환돼 친문으로 부활한 좀비들과 아직 무덤으로 들어가지 못한 구시대 보수의 좀비들이 진보와 보수를 과잉대표하고 있다. 잃어야 할 것들에 대해 잃지 않으려는, 그래서 '경험해 보지 않는 나라'를 찾아 헤매는 정치적 피터팬들은 주변 어디에도 있다.

이제는 단호히 과거의 고리를 끊고 미래로 나아가야 한다. 누가 먼저 그 결단을 내리고 나라를 살리고 미래를 주도할 것인가.

2019.9.11.

공수처와 리바이어던의 유혹

　토마스 홉스는 역작 <리바이어던^{Leviathan}>에서 만인의 만인에 대한 투쟁을 막기 위해 성서 속의 괴물 리바이어던을 국가의 모델로 제시했다. 그런 리바이어던의 권력을 위임받은 자가 독재의 유혹에 빠지면 공의를 빙자해 정적을 처벌하고 자신을 보호하기 위한 '특수 사법기관'을 창출하려 든다. 나치의 게슈타포^{Gestapo}가 그랬고, 스탈린의 엔카베데^{NKVD: 내무인민위원회}, 동독의 슈타지^{STASI}, 일제의 특별고등경찰, 루마니아의 세쿠리타테^{Securitate}, 그리고 북한의 보위부가 그렇다.

　지금 문재인 정부와 여당, 그리고 같은 계열의 소수정당들은 통제받지 않는 괴물을 공수처라는 이름으로 탄생시키려 하고 있다. 공직자들을 감찰하고 이들의 비위사실을 적발해내는 기능은 노무현 정부 시절에는 '부패방지위원회'라는 이름으로, 이명박 정부시절에는 '특별감찰관'이라는 이름으로도 있었지만 그런 기구들은 결국 정치권으로부터 독립성을 유지하기가 어려웠고 그 결과 유명무실해졌다.

한편 문재인 정부가 내놓은 공수처는 과거의 실패 때문인지 이를 아예 대통령 직속으로 귀속시켰다. 법무부도 국회도 견제할 수 없고 오로지 대통령의 인사권만으로 운용되는 기상천외한 형태로서 나치의 게슈타포를 연상케 한다.

그런 공수처가 정작 대통령의 친인척과 청와대 고위관계자, 그리고 국회의원은 제외하고 판사와 검사, 경찰 고위자만을 대상으로 수사와 기소를 한다는 것은 이 공수처의 의도가 공직자 비리를 처결하기 위한 것이 아니라 결국 정치적 의도를 가지고 사법권을 장악하겠다는 것에 다름이 아님을 보여준다.

그 결과는 무엇일까. 정의구현과 인권보호가 사명인 검찰과 경찰이 정권의 시녀가 될 것이고 이 기구들의 정의와 인권 실현을 마지막으로 담보해야 할 법원이 대통령과 청와대 눈치를 보게 될 것은 분명하다. 그 피해는 결국 국민에게 돌아올 것이다.

오로지 대통령에게만 충성을 요구받을 공수처는 대통령을 리바이어던의 정점, 절대권력으로 만들고 그런 대통령은 자신의 정적들을 굴복시키는 데 공수처를 활용할 것이다. 공수처는 사법부 공직자들을 내사한다는 핑계로 기업인들을 수시로 사찰하고 정치인들을 감찰할 것이다.

대통령의 근위대가 된 공수처는 결국 견제 받지 않는 권력을 이용해 민간인들에게도 사찰의 범위를 확대할 가능성이 크다. 그런 기구가 바로 문재인 대통령이 가까워지고 싶어 하는 북한이라는 나라의 보위부가 아닌가.

자유와 민주를 법치의 근간으로 삼는 나라들에서는 한국의 공수처와 같이 사법권을 행정권에 종속시키려는 조직을 만들지 않는다. 공직자들을 대상으로 부정과 부패를 방지하기 위한 특별감찰기구나 수사기구를 두는 경우 반드시 의회로부터 감시와 견제를 받게 하거나 법무부와 같은 조직에서 책임을 지고 감독한다. 그런 법무부는 다시 의회에 책임을 짐으로써 민주주의 원리라는 삼권분립이 작동하는 것이다.

수많은 역사의 독재자들이 리바이어던을 국가의 모델로 등장시켰고 그 정점에 서고자 했지만 리바이어던의 성경속 말로는 결국 죽음이었다.

2019.5.8.

연동형비례제와 '의회 파시즘'

　루소는 '사회계약론'에서 영국의 대의제도를 다음과 같이 비판했다. "영국 사람들은 자신을 자유롭다고 생각하지만 이는 매우 잘못된 생각이다. 의회 의원 선거가 있는 그 때에만 자유로울 뿐이고 선거가 끝나는 순간 노예상태가 자유를 압도하며 자유는 무위로 돌아간다."

　루소가 영국의 대의제를 비판했던 이 문제는 오늘날 정치학자들이 '주인-대리인 문제'라고 부른다. 주권을 대의한 의원들이 주권자에게 충성하지 않고 자신들의 이익에 충성하는 현상이다.

　최근 우리는 심상정 국회 정치개혁특별위원장을 통해 그러한 현상을 보았다. 심상정 정의당 의원은 도대체 우렁잇속같은 여권 4당 합의의 '권역별 준연동비례제'의 계산방법을 묻는 기자들에게 '국민들은 이해할 수도 없고 알 필요도 없다'고 말해 물의를 빚었다.

지역구 의석에 권역별 비례를 적용하고 여기에 석패율제를 도입해 의석 정원 300에 맞춘다는 '권역별 준연동비례제'는 전 세계에 유례가 없는 선거제도다. 그 계산 방식이 하도 복잡해서 한 매체는 '미적분 선거제'라는 이름을 붙였고 자칭타칭 '정치9단'이라는 박지원 민평당 의원은 '이걸 이해할 천재가 어디 있나'라고도 했다.

왜 그렇게 복잡한 계산을 해야만 하는 선거제가 여야4당 합의로 나오게 된 것일까. 여기에는 앞서 말한 '주인-대리인 문제'가 있기 때문이다. 여권 4당은 대통령제 하에서는 맞지 않는 다당제 선거제를 오직 의석수, 밥그릇을 얻기위한 방편으로 수용했.

연동형비례제는 제왕적 대통령의 권력을 의회로 옮기기 위한 취지로 내각제를 기반으로 할 때만 의의가 있는데 민주당은 소수정당 난립을 유도하고 이를 통해 의회권력을 약화시켜 제왕적 대통령의 권력을 더욱 강화시키고자 하는 것으로 보인다. 차라리 현행 국회의원 수를 줄이고 비례제를 폐지하는 안을 내놓은 한국당의 안이 주권자인 국민이 바라는 것이었다.

이에 더해 여야4당은 제1야당인 한국당을 배제하고 자신들만의 합의로 선거제를 패스트트랙에 올리기로 합의했다. 패스트트랙이란 민생이나 국가안보와 같이 시급성을 요하는 법안에 적용하기 위해 합의된 의안처리 시스템인데 다수당이 자신들에게 유리하게 '게임의 룰'을 바꾸기 위해 사용한다면 이는 다수에 의한 '의회 파시즘'에 다름없다.

더욱이 공수처_{고위공직자수사처}와 검경수사권 조정 등 적폐청산과 정권연장의 도구를 연동형비례제에 끼워 팔기로 처리하겠다는 발상은 그 자체로 주권자인 국민을 무시할 뿐 아니라 대한민국 체제를 통째로 바꾸겠다는 의도로밖에 읽히지 않는다. 주권자의 준엄한 심판이 필요할 때가 다가오고 있다.

2019.3.26.

눈먼 자들의 도시

 만약에 세상 사람 모두가 눈이 멀고 단 한 명만이 볼 수 있다면 그의 눈에 비친 세상은 어떤 것일까. 노벨문학상에 빛나는 작가 사라마구의 <눈먼 자들의 도시>는 그러한 판타지를 모티브로 쓰인 소설이다.

 시력을 잃는 전염병으로 사람들이 차례로 맹인이 되어 가는 도시. 군인과 경찰들 마저 눈이 멀어 모두 떠나간 도시에서 홀로 감염되지 않은 주인공의 눈에 비친 세상은 그야말로 아수라장이다. 하지만 눈이 먼 자들은 그것이 아수라장이라는 것을 깨닫지 못하고 폭력과 배설은 일상이 된다.

 그러한 도시는 소설 속에만 있지 않다. 좌파 이데올로기에 눈먼 권력은 자신들의 전염병을 세상에 퍼뜨려왔다. 복지에 눈먼 그리스가 그랬고 반미에 눈이 먼 베네수엘라가 그랬다. 사회주의 전염병은 우리 주변의 문제들을 똑바로 보지 못하게 하는 증상을 가져다준다.

우리는 북한 정권의 세기적 폭정과 인권 문제에 오랫동안 눈이 멀어 있더니 이젠 북핵 문제와 우리 내부의 경제 문제에도 맹인이 되어가고 있다. 성과 없는 비핵화 남북정상회담에 우리 기업인들이 조공 사절처럼 끌려가면서도 누구도 저항하거나 내놓고 말하지 못하는 대한민국 전체가 눈먼 자들의 도시가 되어가고 있는 것이 아닌가.

비핵화 쇼비즈니스가 한참인 이 시간에도 우리 중산층과 서민들은 치솟는 집값에 신음하고 있다. 한번 망가지면 경제적으로 큰 충격을 주는 부동산정책이 나락으로 치닫는 순간에도 우리는 사회주의 이념에 경도된 정책의 실체를 제대로 보지 못하고 있다. 어느새 '정의'라는 레테르를 빌려 입은 사회주의 전염병은 우리로 하여금 시장의 작동 원리를 보지 못하게 만든다.

소경이 소경을 이끌면서 구렁텅이에 처박히자 정부의 정책결정자들은 부동산시장이 '자본주의의 투기판'이라는 허상을 만들어 퍼뜨리고 있다. 과거 노무현 정부에서 실패한 부동산시장 억제정책이 문재인 정부에서 그대로 다시 등장하고 실패도 반복되고 있지만 눈이 멀어 버린 이들에게는 그것이 보일 리 없다.

좀 더 나은 삶을 살고 싶어서 열심히 저축해 더 넓은 집을 갖고

자 했던 대부분 평범한 시민들을 '불로소득을 챙기려는 부동산 투기세력'으로 몰고 있는 여당 대표부터 눈이 멀었다. 일자리를 늘린다며 마구 돈을 풀어 그 유동성이 갈 곳 없어 강남 부동산에 몰리는 현상을 두고 '하이에나 정글'이라며 세금폭탄을 터뜨린 청와대 수석은 강남에 주택 공급을 축소시켜 가격만 더 높일 뿐이라는 전문가들의 지적에 가장 먼저 눈을 감았다.

부동산정책에서 실패한 경제는 건설경기의 불황으로 이어지고 건설경기의 불황은 실업 증가를 낳는다고 이코노미스트들은 경고한다. 하지만 눈먼 자들이 내놓은 대책이라는 것은 '토지공개념'과 같은 그들의 머릿속에서 황당한 상상으로 그려 놓은 이념지향이었다.

사라마구의 소설 <눈먼자들의 도시>는 해피엔딩이다. 가장 먼저 눈이 멀었던 이가 자연 회복이 되면서 눈이 먼 차례로 사람들은 시력을 되찾기 시작한다. 대한민국도 과연 그렇게 될 수 있을까.

회복되는 시기가 언제부터인지, 어떤 방법으로, 얼마나 난리와 고통을 겪고 난 후에나 그렇게 될지 지금으로서는 알 수 없다. 문제는 그러한 치유를 앞당겨야 할 야당 정치세력과 보수 시민사회가 또 다른 눈먼 자들의 집단에 머물러 있다는 사실이다. 여전히 방향을 헤매며 나뉘어 있거나 과거에 얽매여 주저앉아 있으니 말이다.

2018.9.27.

2019 무엇을 할 것인가?

"오늘 나의 불행은 언젠가 잘못 보낸 시간의 보복이다." 워털루 전투에서 패배한 후 아프리카 서해안으로부터 2800km 떨어진 절해고도 세인트헬레나 섬에서 생을 마감한 나폴레옹은 이렇게 말했다.

나폴레옹의 성찰은 오늘날 우리의 국가적, 개인적 차원의 고백이기도 하다. 언제부터인지 우리는 '헝그리 정신'을 잃었다. 근로자들은 더 많은 일을 하지 않으려 하고 기업가들은 더 이상 확장하고 성장하려 하지 않는다.

헝그리 정신에 충만했던 60~80년대의 시대정신은 소비가 미덕이 된 오늘날 사회에서 스스로의 고착된 생산성을 잊은 채 모두가 더 많은 분배, 더 많은 소비를 요구하는 것으로 바뀌었다. 그 결과 우리는 정부든 가계든 늘어만 가는 빚더미 속에서 현재의 소비와 만족만을 추구하고 있을 뿐 미래를 위한 비전과 이를 실행할 도전 정신을 잃고 있는 것이 아닌가.

정부는 선진국 수준의 복지와 소비를 약속하면서 선진국으로 들어서기 위한 혁신과 목표를 포기하고 있고 시대착오적 이념지향으로 세계 최고 원자력기술을 스스로 사장시키고 있다.

정치권은 대중들의 불만을 부추기고 기업과 부자들을 비난하는 목소리로 표를 받으려 하고 있고 안보적으로는 한반도에서 전쟁이 끝나지 않았고 북한 전체주의 체제가 우리 체제를 위협하고 있음에도 국민의 안보의식은 거의 해체되고 말았다.

2019년은 안보와 경제, 정치, 사법, 문화, 미디어 등 거의 모든 분야에서 그 기초와 시스템이 회복불능의 수준까지 파괴되는 절체절명의 해가 될 수 있다는 각 분야 전문가들의 우울한 예측이 나오고 있다. 잘못된 세계관과 이념이 이제까지 우리가 성공적으로 구축해 온 시스템들을 회복불능 수준으로 파괴할 경우 그 대가는 대한민국과 자유민주주의 체제 그 자체가 될 것이다.

한편, 밤에 어둠이 찾아오면 별들이 비로소 빛을 드러낸다는 것을 안다. 시대적 위기와 전환기는 새로운 미래와 시대정신과 인물들을 발견할 수 있는 기회를 제공할 수 있을 것이다. 평화란 무엇인지, 자유란 무엇인지 좀 더 절실히 생각해보게 되었고 '적폐청산'이라는 이름의 정치구호로부터 적폐의 진정한 주체와 대상이 누구인지 조금씩 알 수 있게 되었다.

　2019년은 우리가 그동안 소홀하게 여겼던 가치들을 회복해야 하는, 어쩌면 그 기회의 마지막 한 해일지도 모른다. 너무 늦지 않게 깨달아야 하고, 너무 늦지 않게 가난한 간절한 마음과 미래를 향한 비전을 회복하고 발견해야 한다.

　과거의 안일과 잘못을 뒤로하고 혁신하고 발전하며 이를 위해 행동에 나서야 한다. 변화와 발전은 건강한 지성과 젊음의 특권이고 젊음과 지성은 나이나 환경이 아니라 마음가짐에 달려 있다.

2019.1.9.

보수의 반성과 희망

보수의 실패를 자책하는 소리가 곳곳에서 들려온다. 정권교체는 커녕 앞으로 수십년간 보수는 회생할 수 없고 궤멸할 것이라는 전망도 있다.

현재 당면한 엄중한 국가와 보수의 위기는 대한민국을 제대로 보수保守하지 못했기 때문에 발생했다. 대한민국 보수의 첫 번째 사명은 자유민주주의 헌법을 수호하는 것인데 우리는 자유의 소중함을 잊었다. 평화 놀음에 수없이 속았던 과거의 기억을 망각했고 자유를 포식한 나머지 배가 불러 뒤뚱거리다 넘어지게 생겼다.

반공을 소리 높여 외쳤지만 우리 안의 사회주의 정책들에 둔감했고 북한 독재체제의 실체와 북한 주민들의 인권 문제에 눈감았다. 다 죽어가던 북한의 공산체제를 연명시키고 강화시켜 자유

통일을 이룩할 기회를 날려버리더니 이젠 시대착오적인 김씨 왕조와 운명공동체가 되자는 어젠다에 온 국민이 무기력하게 끌려가고 있다.

혹시 우리가 누려온 자유와 번영이 우리에겐 너무 버거운 것은 아니었을까. 세계 10위권의 경제적 자유적 수준이 우리의 정신적 수준이나 민도와 괴리가 너무 큰 것은 아닐까. 그래서 모두가 하향 '정상화' 되고 있는 건 아닐까.

무엇보다 정치가 실종된 작금의 상황은 보수의 미래에 어떤 기획도 허용하고 있지 않다. 우선 탄핵에 대한 보수의 입장이 통일적 합의를 보지 못하고 있다. '태극기부대'는 여전히 왜 대통령을 끌어내렸느냐고 하고 다른 국민들은 왜 박근혜가 최순실에 놀아났느냐고 한다.

탄핵을 옳고 그름의 규범적 문제로 다뤄야 하는지 아니면 주권자 심판의 당위의 문제로 받아들여야 하는지 보수는 결단을 내리지 못하고 있다. 이 문제가 보수진영 전체에 커다란 단층fault line으로 작용하고 있고 그 단층의 좁고 긴 심연은 아직 그 끝을 가늠하기 어려울 정도다.

한편 보수의 위기를 이용해 '보수 장사'를 하는 무리도 있다. 이들은 나라를 걱정해 거리로 나선 태극기부대에 뜨겁고 달콤한 '애국'을 판다. 이를테면 서울시교육감 선거에서 일부 보수단일화기구들은 오직 자신을 통해 자신이 규정한 방법으로 후보 단일화가 이뤄져야 하며 아니면 인정할 수 없다고 윽박지른다. 후보들은 여기에 놀아나고 어떤 후보는 또 이들을 이용한다.

보수 제도권 정치와 시민사회의 분열, 그리고 갈등의 밑에는 보수주의적 가치에 대한 치열한 추구나 역사성에 대한 인식 없이 안일하게 살아온 보수의 사상적, 지적 게으름도 한몫한다. 보수는 있어도 보수주의자가 없는 한국의 기형적 구조는 자유주의자들과 애국 보수간에 상호 불신과 적대심만을 키워 왔다.

자유란 무엇이고 민주란 무엇이던가. 그리고 왜 자유라는 나무는 피를 먹고 자라는 것인가. 우리는 이런 문제들에 대해 가치 있는 삶을 살기 위한 답을 추구하기 보다는 정파와 인물들을 맹종해 오지는 않았던가. 그래서 정치와 이념은 권력을 쟁취하기 위한 수단으로 이용되고 지도자들은 정치철학과 소신이 부재했던 것은 아니었을까.

이제 무엇을 해야 할 것인가. 북한의 독재자 김정은과 한국의 주사파 운동권은 시대를 거꾸로 돌리기 위해 목숨을 걸고 마지막 혼신을 발하고發惡 있다. 보수가 다시 일어나 대한민국의 튼튼한 받침목이 되고 승리를 견인하려면 먼저 무기력한 보수진영에 통렬한 반성과 돌이킴悔改이 있어야 한다.

치열한 비판과 토론이 일어나야 하며 찬란한 자유의 정신과 드

높은 기상을 회복해야 한다. 낡고 시대에 맞지 않는 옷은 과감히 벗어 던져야 하고 새로운 보수의 옷을 찾아 입어야 한다. 이 과정에서 자유 대한민국과 역사적 승리에 대한 믿음과 소망과 사랑을 지닌 시민들과 준비된 지도자가 등장할 수 있을 것이다.

2018.5.23.

자유한국당의 결단과 미래

미국의 16대 대통령 링컨은 미국 보수주의 공화당의 창건자였다. 그는 이렇게 말했다. "한 사람을 영원히 속일 수 있고 모든 사람을 한 순간 속일 수는 있어도 모든 사람을 영원히 속일 수는 없다."

링컨의 이 말은 오늘 대한민국 집권 세력에게 들려주어야 하는 말이 아닐까. 문재인 대통령은 최근 우리 경제가 '거시적으로 문제가 없으며 통계와 현장의 차이'라고 말했다. 경제성장률이 마이너스로 뒷걸음치는 현실과는 동떨어진 인식이었다.

만일 대통령의 이런 태도가 국민을 기만하려는 것이라면 국민은 한 사람이 아니므로 대통령은 모든 사람을 기만하려는 것이 된다. 또한 그것이 단 한 순간이라면 가능할 수 있겠지만 국민을 영원히 기만할 수는 없다.

현재의 집권세력은 차기 총선을 넘어 앞으로 20년, 50년 집권을 호언한다. 그런 인식의 배경에는 제1야당인 자유한국당을 주변화marginalizing시키고 대한민국의 주류세력을 영원히 교체하겠다는 레짐체인지 전략이 토대로 작용한다. 자유한국당이 역사적으로 반동세력이라는 프레임을 통해 한국당이 어떤 주장과 어떤 정책을 내놓더라도 그 자체를 무효화시키겠다는 것이다.

하지만 자신의 경쟁세력을 주변화시키는 전략은 역으로 저항을 불러오기 마련이다. 황교안 대표의 자유한국당이 최근 작심하고 민생투쟁에 나선 배경에는 여권의 프레임을 거부하겠다는 의지가 작용했을 것이다.

국민들은 서서히 문재인 정부이 오도誤導와 허상에 눈을 뜨기 시작했다. 그 결과 한국당의 지지율은 과거 20%대에서 상승해 최근 민주당과 접전을 벌이는 상태로까지 발전했다. 이에 '민주당 50년 집권론'을 주장했던 이해찬 대표는 '여론조사가 이상하다'는 말로 심기를 내비쳤다.

정치란 살아 움직이는 생물과 같아서 의지와 의지가 서로 만나 투쟁하는 상대적 작용을 만들어 낸다. 결국 정치의 미래란 예측하는 그 자체가 의미 없는 것이며 누가 어떻게 그 미래를 직접 만들어 내느냐에 달려 있다.

정치는 궁극적으로 선善과 악惡의 가치를 판단하려는 사상의 뿌리를 갖고 있고 모든 정치적 투쟁은 근본적으로 善의 편에 서려는 의지들의 활동이다. 그렇기에 우리는 선이 악을 이기고 진리가 거짓을 이길 것임을 믿어야 한다.

그것이 바로 링컨이 말한 바 '모든 사람을 영원히 속일 수는 없는' 원리가 된다. 결국 진리는 승리하고 그 진리는 우리를 자유케 할 것이다.

링컨은 또 말했다. "분열된 집은 반석 위에 세울 수 없다." 링컨은 이를 위해 결단했다. 노예제를 둘러싸고 찬성과 반대로 분열된 상황을 '자유와 善을 향한 결단'으로 정리했다.

통합과 승리를 위한 운명의 시간이 자유한국당에 요구하는 것 역시 이러한 결단일 것이다. 어쩌면 결단은 이미 내려졌고 결과는 역사의 주권자 뜻에 달려 있을 것이다.

2019.5.22.

정치가 희망이 되려면

우리의 희망은 어디에서 오는가. 반만년 한반도 역사상 처음으로 세계 최고수준의 경제발전과 생활수준을 이뤘음에도 불구하고 우리 국민들의 표정과 일상은 그리 밝지 않아 보인다. 입에 담기조차 민망한 '헬조선'이니 '금수저, 흙수저' 등 계급용어는 대한민국이 처음부터 잘못 태어났다는 일부 정치인과 사회주의 운동권들의 선동적 프레이밍으로 시작됐을 수 있다.

하지만 문제는 적지 않은 국민들이 여기에 고개를 끄덕이고 있다는 점이다. 국민을 치유하고 이끌어야 할 지도자와 정치철학이 보이지를 않고 정치는 절망과 분노의 원인이 되고 있다.

현재 19대 국회는 역대 최악의 '식물국회'로 평가된다. 노동개혁 5대 법안, 서비스산업 발전기본법, 기업활력제고 특별법(원샷법) 등 시급한 경제 활성화 법안이 통과되지 않고 있고 테러방지법,

북한인권법 등 국민 안전과 보호를 위한 내용도 몇 년째 미뤄지고 있다.

그러면서도 한중 FTA를 비준하면서는 1조 원 규모의 농어촌지원기금을 마련하는 등 거래정치가 횡행하고 교섭단체의 지도부만 눈에 띄고 상임위는 모습을 감췄다.

더 큰 문제는 야당이다. 야당 국회의원 127명 중 63명이 과거 사회주의 혁명을 주도했던 운동권 출신이며, 이들 중 상당수가 친노親盧그룹 핵심 지도부를 형성하고 있다는 것은 공공연한 비밀이다. 이들은 정부와 여당을 경쟁과 협력의 대상이 아니라 반대와 타도의 대상으로 여기며 국가 사회의 모든 문제의 책임이 대통령에게 있다는 이상한 인식과 풍조를 만들어내는 데 기여했다.

지난달 이탈리아 발發 정치개혁 소식은 신선한 충격이었다. 현행 상원의원 315명을 100명으로 줄이고 상원의 법률 제정권한을 없애는 '코페르니쿠스적 개혁'을 단행한 것이다.

단 하나의 기득권 자리도 놓치지 않기 위해 사생결단하며 선거구 획정 국회처리 시한을 넘긴 우리 정치권을 놓고 보면 '세상일' 같지 않다. 혹시, 이탈리아 정치처럼 더욱 타락하고 부패해야만 그러한 각성과 획기적 정치개혁이 가능한 걸까.

우리 정치가 무엇으로 국민에게 희망을 줄 수 있을까. 첫째, 국민을 각성하게 하고 비전을 품게 하려면 우선 하나 된 정치이념,

정치철학이 필요하다. 그것은 자유민주주의체제에 대한 확신이며 이를 반대하는 세력에 대한 선전포고와 확실한 승리이다.

우리 사회는 아직 자유민주주의와 사회·민중민주주의의 '1국가 2국민' 체제에서 체제 경쟁이 벌어지고 있는 게 아닌가. 북한 김정은 체제 변화 이전까지 이 싸움을 매듭지지 않는다면 대한민국 주도의 자유통일은 영원히 멀어질 수 있다.

둘째, 반부패와 인권 등 가치 중심의 국가적 어젠다를 세우고 이를 국가 브랜드로 만들어내야 한다. 반부패 운동은 우리 중 누구도 부패의 관행이나 '본능'에서 자유롭지 못할 것이기에 도덕적 운동이 아니라 기능적 차원의 '투명성' 확대운동으로 전개해야 한다.

인권은 우리 삶의 본질이자 인류보편적 가치로서 대한민국이 세계 중심국으로 성장하고 중국 등 세계 강대국들과 대등한 위치에서 관계하기 위해서도 필요한 명분과 무기를 제공할 수 있을 것이다.

미래는 예측하는 게 아니라 선택하고 책임지는 것이다. 희망의 정치는 필수불가결한 우리의 선택이자 미래다.

2015.12.21.

국정원, 해체가 아니라 진화가 답이다

'요즘 세상에 간첩이 어디 있나'라는 말로 구설수에 올랐던 대통령 후보 정치인이 있었다. 흥미로운 사실은 그 정치인에 대한 찬사 일색의 책을 쓴 사람이 두 차례나 간첩죄로 복역한 운동권 출신이었다는 점이다. 그는 노무현 정부에서 사면을 받았다.

간첩사건은 그 숫자가 줄었다고 해도 최근까지 국정원에 의해 현재 진행형으로 조사 확정되고 있다. 노무현 정부 시절 불거진 일심회 간첩사건에서는 당시 청와대 국가안보비서관이 연루된 혐의를 조사하려던 국정원장이 사표를 쓰는 일마저 있었고, 왕재산 간첩사건[2011]과 이석기RO 사건[2014] 등 대형 공안 사건이 연이어 발생했다.

'서울시 공무원 간첩사건'[2014]에서 국정원이 코너에 몰린 것은 국정원의 증거물과 관련한 논란 때문이었다. 서울시에 취직해 공무원 신분으로 북한을 드나들며 탈북자 명단을 북한에 전달한 유우성 씨에 대해 법원은 무죄를 선고했는데 이는 법원이 그를 간첩으로 볼 수 없다는 판단을 내린 것이 아니라 유 씨가 북한을 드나들었다는 국정원의 증거 확보가 불법적이었다는 것이었다.

하지만 이른바 진보진영은 국정원을 인권 탄압이나 하는 악마적 기구로 매도하던 종전의 주장에서 한발 더 나아가 '국정원 해체'라는 요구를 당당하게 내놓기에 이르렀다. 국회에서 국정원의 보안 업무와 예산이 공공연히 공개되는가 하면 요원들이 청문회장에 불려나가 민간인 사찰 문제를 이유로 대공수사의 과정, 절차 등까지 공개를 요구 당하는 정치적 압박에 시달렸다.

그리고 문재인 정부는 결국 지난 11월 국정원이 대공수사 업무를 폐지한다는 방안을 발표했다. 국정원의 가장 중요한 기능 중 하나인 방첩 업무를 제거함으로써 문재인 대통령이 의원 시절 푯말을 손에 들고 요구했던 것처럼 사실상 '국정원 해체'를 선언한 것이다.

이스라엘의 정보기구 모사드는 '침묵의 구원자'라고 불린다. 모사드는 해외공작기구이기에 그들의 활동은 합법과 비합법을 넘나든다. 암살, 납치, 파괴와 같은 모사드의 '부도덕한' 작전들은 이슬람 국가들을 중심으로 거센 비난을 받지만 이스라엘 의회는 내부적으로는 정치적으로 첨예하게 대립하면서도 단 한번도 모사드의 문제를 거론한 적이 없다.

이스라엘 의회가 모사드의 비합법을 넘어 국제법을 위반하는 행동에 마저 침묵하는 이유는 이스라엘의 생존과 안전이 그 어떤 국제법보다 중요하다고 생각하기 때문이다. 모사드 역시 그런 점을 잘 알고 있기에 내부적으로 고도의 도덕적 훈련과 교육이 이뤄진다. 모든 것을 자율적으로 결정해야 하기 때문이다.

대한민국의 정보기관인 국정원은 여러 정권을 거치며 정치적으로 이용돼 왔던 것이 사실이다. 남북분단체제의 특수성과 민감한 비밀업무를 다루는 업무의 성격상 대통령 직속기구인 국정원의 성공과 실패는 대통령이 국정원을 어떻게 다루는가에 달려 있다.

그렇다면 대통령은 국정원을 정치·이념적 차원에서 해체할 것이 아니라 정치적 이용 여지를 제거해 진화시키고 더욱 발전시켜야 한다.

2018.1.29.

'국정원 해체' 시위와 모사드의 교훈

지난달 주한 이스라엘 대사를 만났을 때 가장 궁금했던 사안 중 하나는 세계 최고로 일컬어지는 이스라엘 정보기관 모사드에 관한 것이었다. 이스라엘 대사의 답변이 인상적이었다.

"What is the Mossad?(모사드가 뭐지?)" 혹시 영어 질문을 잘못 알아들었나 싶어 재차 물었더니 돌아오는 답변은 "Secret organization is secret(비밀조직은 비밀이다)"이라는 것이었다.

더 이상 무슨 말이 필요하겠는가. 그것이 1류 국가정보기관을 지닌 나라와 오늘날 만신창이가 되고 있는 국정원을 가진 우리나라의 극명한 차이였다.

'국정원 해체'와 '불사르기'를 넘어 이젠 아예 (촛불로) '구워먹자'라는 표현이 거리 촛불시위대의 구호로 등장했다. 국정원이 무너지거나 약화되면 가장 좋아할 세력은 과연 누구일까. 왜 일부 정치권은 그러한 세력에 동조하며 사력을 다하고 있는 것일까.

한편 국회에서는 검찰이 전 국정원장을 기소해 국정원을 압수수색하고 야당 국회의원들이 거리로 뛰쳐나간 초유의 사태가 벌어지고 있는 가운데 국정조사 청문회가 개최됐다. 국정조사 과정은 한마디로 한 편의 막장 범죄 드라마였다.

재판이 진행 중인 상황에서 효력도 없는, 오직 망신주기가 목적인 듯한 '인민재판'이 벌어지고 정치인들은 고성과 반말로 증인을 심문하고 사실과 다른 선동을 펼치며, 검찰은 증거자료인 CCTV를 조작하고, 그러는 가운데 철면피 막가파 증인이 등장한다.

"속은 놈이 문제지 (속인) 내가 문제입니까?" 매관매직의 혐의를 받고 있는 전직 국정원 직원의 희대의 답변은 두고두고 상당수 국민의 뇌리에 오랫동안 남게 될 것 같다.

더욱이 있을 수 없는 일은 전직 국정원장을 기소해 이 모든 사달을 야기한 검찰의 주임검사가 오래 전부터 국정원(안기부) 해체를 주장해온 '종북' 인물이었다는 사실이다. 국정조사 특위에서 활동한 김진태 의원에 따르면 진재선 검사는 17년전 서울대 총학생회장(대행) 시절 '안기부 해체' 시위를 주도했고 그러한 소신의 연장선에서 이번 국정원 기소를 무리하게 강행했다는 것이다.

진 검사는 최근까지도 공산주의를 노골적으로 찬양해온 '사회진보연대'라는 극렬 좌파단체에서 활동해왔다고 한다. 김진태 의원의 표현대로 한마디로 '나치 출신에게 유태인 학살 진상 조사를 맡긴 꼴'이다.

대한민국의 미래는 어떻게 될 것인가. 反대한민국 세력의 발악에도 불구하고 애국세력의 용기와 헌신으로 결국 더욱 밝은 미래가 펼쳐질 것으로 기대한다. 이스라엘 정보기관 모사드의 모토가 우리에게도 교훈이 되기를 바란다. "지략이 없으면 백성이 망하여도 지략이 많으면 평안을 누리느니라." (잠언 11:14)

2013.8.28.

이석기, 박원순, 그리고 호치민

이석기 사태는 대한민국의 감사感謝 제목이다. 이석기의 R.O.혁명조직 덕분에 사라졌다던 소위 '빨갱이 종북세력'의 실체가 만천하에 드러났다.

그는 국회의원 289명 중 258명의 찬성표와 함께 구속됐고 법원은 범죄 혐의가 인정된다는 소견을 밝혔다. 이참에 통진당 해체와 북한정권으로 이어진 종북의 뿌리뽑기 과정도 지켜볼 일이다.

이 사태의 핵심을 차분하게 들여다보면 더 많은 사실이 '3D'로 보인다. 오늘날 이석기에게 국회의원 금배지를 달아준 일련의 세력들이다. 종북의 제도권 진입은 결코 우연이 아니었다.

박원순 서울시장은 작년 4월 총선 즈음 反새누리당 야권연대를 위해 이석기와 이정희, 김재연 등이 속한 통합진보당에 "민주당이 의석을 양보해야 한다"고 주장했다. 그는 민주당을 '큰 형'

에 비유했다. 통진당과 한 가족이라는 인식을 갖고 있었다는 의미다.

　그가 통진당 몫으로 요구했던 의석수는 원내 교섭단체를 이룰 정도의 수준이었다는 후문이다. 지난 총선과 대선에서 야권이 승리했다면 지금쯤 이석기는 통일부 장관이 돼 있을지도 모를 일이다.

　서울시 한복판에서 모내기를 할 정도로 전시展示행정에 밝은 박원순 시장은 은밀한 잠행潛行행정에도 수준급이다. 자본주의 해방구, 파리 코뮌에 비유되는 마을공동체 양성이 대표적 사례다.

　720억 원을 쏟아 부어 2017년까지 3180명의 마을공동체 활동가를 육성하겠다는 계획을 밝혔지만 정작 그 활동가들이 누구인지는 베일에 가려져 있다. 마을공동체 사업이 그 따뜻한 이름과는 달리 음산하게 여겨지는 이유다.

　2000억 원대 지방채를 발행해 무상보육사업을 이어가겠다는 계획은 대담하다 못해 공포스럽다. 이것이 전부 무상無償의 이름을 한 '빚'임을 알기에 그렇다.

　그러나 서울시내 버스와 지하철에 "대통령님 약속을 지켜 주십시오. 하늘이 두 쪽 나도 무상보육은 계속되어야 합니다"라는 광고문구가 붙었을 때 그걸 이상하게 여긴 서울시민은 그리 많지 않았다. 재정이 부족하다고 말해온 박 시장이 최근 민주노총에

자유를 보수하자

15억 원을 지원했다는 사실을 알고도 그럴 수 있을까.

서울시, 아니 한국 사회 전체에서 그의 영향력은 이미 압도적이다. '야권의 오너'라는 얘기도 들리고, 대기업들의 목줄을 쥐고 있다는 얘기도 있다. 그의 앞에선 좌도 우도 보수도 진보도 없다. 누가 됐든 함부로 비판할 수 없는 존재가 된 것이다.

그런 박원순의 이념지표는 심상치 않다. 월남을 패망시킨 베트콩의 지도자 호치민을 가장 존경하는 인물로 꼽아온 그다. "미국을 물리치고 조국의 통일을 이뤄냈다"며 2008년 발간된 아동도서 '호치민 이야기'에 추천사를 쓰기도 했다.

변호사 시절에는 대표적인 국가보안법 폐지론자로 활약했다는 사실은 이석기 사태와 불온하게 겹쳐 지나간다. "좌경 좌익이 악惡일 수만은 없다"던 그의 생각은 지금 얼마나 변화했을까.

지난달 '왼쪽 길'을 선택한 베트남 호치민시에 다녀왔다. 아직 공산주의의 껍데기를 뒤집어쓰고 있을지언정 그들은 이미 자본주의의 오토바이에 올라타 신나게 속도를 내고 있다. 서울시는, 대한민국은 어디로 달려가고 있는가.

2013.9.9.

큰 별은 졌고 유토피아는 없었다

　북한에서 주체사상을 확립하고 1997년 대한민국으로 망명한 황장엽 선생이 지난주 87세를 일기로 한(恨) 많은 생을 마감했다. 개인적으로 지난 10여년간 북한인권 운동을 펼치며 고인과 교류해 왔기에 깊은 애도와 각별한 감회와 상념을 갖게 된다.

　황장엽 선생은 남북한에서 동시에 존경과 비난을 받을 정도로 한반도 현대사의 진로에 일정한 영향을 미쳐온 시대적 거인이었다. 김정일 정권은 자신의 아킬레스건을 가장 잘 알고 있는 황 선생을 제거하기 위해 최근에도 암살단을 파견하는 등 혈안이 돼 있었고 국내 종북세력은 한때 그들이 하늘같이 여기던 주체사상 창시자의 '변신'을 바라보면서 '정신분열' 상태에 이르기도 했다. 최근 야권 인사들이 황 선생 장례식에 참석해야 할지 말지를 두고 갈팡질팡하는 모습은 그러한 상태를 드러낸 것이었다.

황 선생은 양복 상의에 늘 조그만 태극기 핀을 달고 다녔다. 정부는 황 선생에 대한 1등급 국민훈장 추서와 현충원 안장을 검토하고 있다고 한다. 과연 '애국'이란 무엇일까.

황장엽 선생의 회고록에 따르면 그의 주체사상은 "큰 나라에 대한 사대주의와 교조주의를 반대하면서 마르크스-레닌주의를 구체적 실정에 맞게 창조적으로 적용하는 것"이었다. 황 선생은 김일성의 가장 큰 과오로 "마르크스주의 원칙을 지키려는 동생 김영주 대신 자신의 권력을 위해서는 이념이나 수단과 방법을 가리지 않는 무자비한 아들 김정일을 후계자로 정한 것"이라고 지적한 바 있다. 스탈린주의에 입각한 자신의 주체사상을 반성한 것이 아니라 김정일에 의한 북한내 스탈린주의의 변질을 통탄한 것이다.

황 선생은 그러다 1960년대말 사상의 일대 전환을 거치게 됐다고 고백한다. '인간중심철학'이라고 소개돼 온 그의 사상은 "세계와 자기운명의 주인은 인간이며 종국적인 인간의 삶의 목적은 끝없이 발전하는 것"이라고 주장한다. 언뜻 중세시대 신본神本주의에 대한 반동으로 유럽을 풍미한 르네상스시대의 인본人本주의나 이후 헤겔과 니체의 '절대이성'과 '초인론' 그리고 마르크스의 유물론적 유토피아사상 등 종국적 허무주의가 복합돼 떠오른다.

실제로 황 선생은 망명 이후 쓴 회고록에서 "나는 온갖 형태의 불평등을 없애고 모든 사람들이 다 같이 잘 사는 사회를 건설하는 사회주의 이상을 지지하는데 그것은 이러한 이상이 인본주의 사상에 맞기 때문"이라며 "나는 인간에게 충실할 것을 맹세한 인본주의자"라고 고백한 바 있다.

서울평화상을 수상한 미국의 북한인권 운동가 수잰 숄티 등 주변의 신앙인들은 황장엽 선생에게 인본주의가 아닌 신본주의 기독교 사상을 소개하기 위해 적지 않은 노력을 기울였다. 그럴 때마다 황 선생은 "내가 지은 죄가 많아서 …"라며 대화를 비껴갔다.

아무쪼록 망명 이후 북한체제를 변화시키고자 했던 '인간 황장엽' 선생의 초인적 노력과 고귀한 인격에 진심어린 경의를 표하면서 피땀으로 세워진 자유 대한민국의 영속과 발전을 기원한다.

2010.11.8.

2장
자유 없는 평화
- 대북, 대중관계

종전선언은 평화의 조건이 될 수 없다

문재인 대통령이 한반도 종전선언에 매달리며 임기말 국정 역량을 집중하고 있다. 문 대통령은 지난 9월 텅 빈 유엔본부를 방문해 종전선언을 주제로 연설했고 지금은 중국이 베이징 동계올림픽에 남북 정상을 초대해 종전선언의 테이블을 만들어 줄 것으로 기대하고 있다고 한다.

현재 미 의회에는 한반도평화법안 H.R.3446이 상정돼 있고 이달 12월 초 기준 435명의 연방하원의원 중 34명이 법안에 서명했다. 반면 지난 7일에는 35명의 공화당 소속 하원의원들이 '비핵화 약속이 없는 일방적 종전선언 및 평화협정에 반대'하는 서한을 백악관 국가안보보좌관과 국무부 장관, 대북특사 등에 전달한 상태다.

워싱턴에서 한반도 종전선언이 화두로 떠오른 것은 2006년 '북한이 핵을 포기할 경우'를 상정한 백악관의 논평을 통해서였다. 이후 2015년과 2016년 두 차례 관련 결의안이 상정됐다가 큰 호응을 받지 못하고 폐기됐는데 이번 법안^{H.R.3446}이 통과 여부와 관계없이 적지 않은 파장을 일으키고 있는 이유는 미북연락소사무소 개설 등 구체적 조치를 담고 있는 구속력 있는 법안이기 때문이다.

오랜 외교 경력의 바이든 대통령과 미 의회 주류가 이 법안에 찬성할 가능성은 거의 없어 보인다. 하지만 문제는 임기말 모든 수단을 동원해 종전선언에 집요하게 매달리고 있는 문재인 정부다.

"가장 좋은 전쟁보다 가장 나쁜 평화에 가치를 더 부여한다"는 문재인 대통령의 수사^{修辭}는 "나쁜 평화라도 전쟁보다 낫다"던 이완용의 말과 오버랩된다. "평화를 원한다면 전쟁을 준비하라"는 만고의 진리와 대비된다.

역사는 평화와 전쟁에 대해 증언해왔다. 히틀러의 야욕으로 악명 높은 1939년의 독소^{獨蘇}불가침조약도 평화조약이었다. 미국이 사이공을 버리고 하노이가 무력으로 베트남을 통일할 수 있는 길을 마련해준 1973년의 파리협정도 평화조약이었다. 북한은 1950년 6월 25일 남침 하루 전까지도 남북평화회담을 제의해 왔다.

우리는 종전선언이 불러오게 될 것은 평화가 아니라 평화의 이름으로 주장될 유엔사 해체와 주한미군 철수라는 점을 알고 있다. 주한미군은 한반도뿐 아니라 동아시아 전체의 균형을 이루는 무게추 역할을 해왔다.

　한반도의 진정한 평화는 말과 종잇장 속의 협정이 아닌 평화를 파괴하는 원인이 제거될 때 찾아올 것이다. 북한의 독재체제가 변화돼 핵위협이 사라지고 북한 주민의 자유와 인권이 회복될 때 말이다.

2021.12.22.

굴종으로 얻을 평화는 없다

"삶은 소대가리도 앙천대소할 노릇." 문재인 대통령이 지난 8·15 경축사에서 전한 메시지를 두고 북한이 내뱉은 답변이다.

북한은 이어 문 대통령을 향해 '당국자'라고 지명하면서 "아랫사람들이 써준 것을 그대로 졸졸 내리읽는… 웃겨도 세게 웃기는 사람"이라고 했다. 이 정도면 온 나라가 발칵 뒤집힐 만도 하지만 정작 청와대와 여권 그리고 대통령 지지자들은 침묵했다.

북한의 연이은 미사일 발사실험에 정부는 유엔협약 위반이 아니라며 북한을 두둔하고 하고 있다. 북한이 최근 탄도 핵미사일의 완성판이라는 잠수함 SLBM미사일 실험발사를 함으로써 유엔협정을 정면으로 위반한 것에 대해서도 청와대나 국방부와 여당은 묵묵부답이다.

서해 중립지대인 함박도에 북한은 군사용으로 사용할 수 있는 레이더를 설치하고 우리 군부대를 감시했지만 문재인 정부는 '관측거리가 짧아 감시 불가'라는 괴기한 대답을 내놓았다. 레이더를 제조한 일본 후루노사는 '관측거리에는 문제가 없다. 이해가 안 된다'라고 했다.

군사 문제가 아닌 남북경협이나 스포츠에서도 예외는 아니다. 통일부가 금강산 관광 재개 의사를 비치자 김정은은 "너절한 시설물을 철거하겠다"고 대응했고 통일부 장관은 "낙후된 점은 인정한다"고 답변했다.

통일부 장관은 또 최근 관중 없이 치러진 희대의 평양 월드컵 남북축구 예선전을 두고 "남측 응원단이 없어 나름 공정한 조치"라는 희대의 답변을 내놓았다.

북한에 무슨 대단한 빚이나 약점이 잡혀 있는 것인가 아니면 어떤 전략적 판단에 따른 무한 인내인 것인가. 주사파 출신들이 문재인 정부와 청와대 요직을 장악하고 있어서 그렇다는 비판도 만연하다.

하지만 그러한 평가를 믿고 싶지 않다. 어떻든 '위대한 주권자' 국민이 선택한 대통령이기에 대통령이 올바른 판단과 결정으로 자유 대한민국을 통치하고 지켜내기를 기원한다.

하지만 그런 기대에도 유효기간은 있다. 문재인 정부가 만에 하나 대한민국 헌정 질서인 자유민주주의와 시장경제 체제를 소홀히 하고 북한체제와의 통합이나 변경을 추진하려 한다면 이를 방관할 국민은 없을 것이다.

안보는 정권보다 우선한다. '아무리 나쁜 평화도 좋은 전쟁보다 낫다'라는 주장은 의미가 없다. 전쟁은 우리가 결단하지 않아도 상대가 벌일 수 있으며 자유를 탄압하는 체제의 도발에 굴종해서 얻는 평화는 노예 상태와 다름 아니다.

문재인 대통령은 '한번도 가보지 않은 나라'를 만들겠다고 했지만 그런 나라가 절대로 가서는 안 되는 길을 가는 나라여서는 안 된다. 북한은 대한민국에 대해 적화혁명을 포기하지 않았다. 인민들을 학대함으로써만 연명할 수 있는 전체주의 체제의 모순이 다른 선택과 통일논리를 허용하지 않기 때문이다.

진실에 직면할 문재인 대통령과 집권당에 남은 시간이 길지 않다. 국민들은 결코 바보가 아니다.

2019.11.13.

한일관계 파탄의 승자는 북한

故 황장엽 전 북한 노동당 비서는 1997년 한국 망명 이후 기회가 있을 때마다 김일성의 '갓끈전술'에 대해 설명했다. 갓끈전술이란 남조선 혁명을 위한 통일전술 이론으로서 한국의 안보체제는 한미동맹이라는 갓끈 하나와 한일관계라는 또 다른 하나의 갓끈으로 이뤄진 '갓'이고 갓끈 하나만 끊어지면 갓이 벗겨져 남조선 안보는 무너진다는 것이다.

김일성은 한미동맹보다 반일을 대남전술의 타깃으로 삼아야 한다고 당 간부들에게 교시했다고 한다. 결국 한일관계가 파탄에 이르면 아무리 한미동맹이 있어도 대한민국 안보는 소용이 없다는 의미다.

이러한 '갓끈전술'은 지금 문재인 정부하에서 고스란히 실현되고 있다. 청와대와 외교부는 갈등의 한일관계를 발전적으로 풀어내기 보다 '죽창가'를 국민에게 권유하는 모양새다. 구한말 쇄국 정치로 세계 동정에 어두웠던 고종 황실은 '왜놈'들에 죽창으로 대항하는 동학도들을 뒤에서 지원했고 청일전쟁의 구실이 됐다.

청일전쟁에서 승리한 일본을 인정하지 않았던 조정은 러시아에 기댔고 이후 일본이 러일전쟁에서 승리하자 대한제국의 주권을 일본에 넘겨야 했다. 그렇게 36년간의 일제통치가 시작됐고 우리는 '타율적 근대'를 통해 서구적 이념과 시대착오적 민족주의가 혼재된 채 6·25 비극을 겪어야만 했다.

김일성과 북한 지배집단은 반일 갓끈전술에서 이 '종족주의'를 이용하고 있다. 가장 후진적인 민족공산주의[NL]이념을 국가 차원에서 받아들인 곳이 바로 공산화된 베트남과 캄보디아, 그리고 북한집단이라 할 수 있다.

민족주의 대열에 대한민국 여당인 민주당과 문재인 정부가 가입 신청을 내고 있는 것은 아닌가. 시대착오가 아니라면 지금 청와대와 여당이 응원하는 반일은 계산된 것일 수밖에 없고 그 계산은 내년 총선에서 '반일이냐 친일이냐'는 프레임 짜기로 밖에 이해할 수 없다.

거기에 과연 국익은 존재할까. 문재인 정부와 민주당이 반일 선전선동에 올인하고 있는 사이 중국과 러시아는 우리 주권이 미치는 동해상 영공을 침범했다. 북한은 최근 단거리 탄도미사일을 발사하며 '남한은 조심하라'는 경고를 날렸다.

  한미일 자유민주 진영간의 결속이 문재인 정부의 반일외교로 금이 가면서 중국과 러시아, 북한이 그 틈을 파고들고 있다. 이것이 바로 김일성이 교시한 '갓끈전술'의 완성이 아니면 무엇이겠는가.

  우리 국민은 과연 반일의 굴레와 대륙의 거대한 전체주의 영향권에서 슬기롭게 벗어나 자유 대한민국 체제를 지켜낼 수 있을까. 반드시 그래야만 한다.

2019.7.31.

상무정신과 시대정신

창^戈과 발^止로 이뤄진 한자 무^武는 무기를 메고 걸어가는 위풍당당한 모습을 그렸다. 흥미로운 사실은 선비 사^士는 허리에 차는 도끼를 의미했고 고대에서 선비^士는 문인^{文人}이 아니라 왕을 지키는 무인^{武人}을 뜻했다는 점이다. 그래서 무사^{武士}라는 말은 널리 쓰였어도 문사^{文士}라는 말은 흔히 쓰이지 않았다.

보수주의는 지켜야 할 만한 전통적 가치를 지키고 점진적 변화를 추구하는 정신이다. 그것은 우리가 상무^{尙武}정신이라고 하는 것과 본질에서 비슷한 것 같다. 그렇기에 미국 등 서구사회에서는 보수주의 정신이 강한 지역일수록 국민들의 상무적 기질이 강함을 목도하게 된다.

영국의 근대 계층인 신사^{紳士}, 즉 '젠틀맨'은 자신의 향촌을 지킬 수 있는 무^(武人)의 능력도 갖춰야 했다. 무기^{武器}의 소지는 귀족의 특권이었고 그들에게 자유와 소유는 절대로 양보할 수 없는, 무력을 통해서라도 스스로 지켜내야 하는 가치이자 실체였다.

우리나라에서 상무정신은 군인정신과 같은 것으로 인식되었다. 과거 군 엘리트들이 정치와 산업을 주도하던 시대에는 이들의 상무정신이 일반 국민들이 따라야 할 모범이었다. 박정희 대통령은 '싸우면서 건설하고, 건설하며 싸우자'라는 캐치프레이즈를 내세웠다. 고난을 이겨내고 시련을 극복하며 희망에 도전하는 정신은 나와 내 가족, 그리고 내 고장, 내 국가를 지키자는 상무정신으로 발현되기도 했다.

오늘 우리는 단군 이래 가장 부강한 나라에서 살고 있다. 하지만 풍요익 삶은 도전해야 할 가치와 고난의 역사를 망각하게 한다. 위기는 그렇게 찾아온다. 먼저 시민정신으로서 상무정신이 약해지고 군인들이 대접받지 못하고 경시되는 풍조가 만들어진다.

'민주화 시대'에서, 소위 보수나 진보 어느 정권에서든 군인들의 위상은 점점 위축돼 왔다. "보수(문민)정권은 군인들을 자신들이 부리는 아랫계층으로 보았고 진보정권은 안보이념에서 군인들과 맞지 않았다"는 군 원로의 고백도 있다.

우리나라에서 군인이 설 자리가 점점 없어지고 있다. '죽은 武人의 사회'! 우리는 조선시대 사농공상士農工商의 전통(?)으로 돌아

자유 없는 평화 **75**

가고 있는 것은 아닌가.

　동아시아 정세가 요동치고 있다. 미국과 중국의 무역전쟁은 동북아 질서를 재편하려는 중국과 이를 허용하지 않으려는 미국 간에 건곤일척의 헤게모니 전쟁으로 치닫고 있다. 이 두 국가는 물론 주변국들은 모두 상무尙武적 기상으로 무장하고 있다.

　중국은 역사적 자긍심을 바탕으로 제국의 꿈을 키우고 있고 미국은 소명召命 받은 국가로서 예외주의에 입각해 중국의 패권 추구를 결코 허용하지 않을 것이다. 여기에 일본은 산업 전사들이 일군 경제력을 바탕으로 군사대국을 꿈꾸고, 병영국가 북한은 핵을 무기로 남한을 적화 통일하겠다는 의지를 집요하게 추진하고 있다.

　이러한 가운데 대한민국의 문재인 정부는 '평화'라는 미명하에 대북 군사대응 태세를 하나둘씩 무너뜨리더니 이제는 "평화를 지키는 것은 군사력이 아닌 대화"라고 주장하기에 이르렀다. 문제는 정치다. 건강한 상무정신은 보수가 새로운 시대정신으로 발굴해 내야 할 과제가 되고 있는 것이다.

2019.7.3.

미군 철수 구호와 문재인 정부

"트럼프 대통령은 북핵 협상 과정에서 주한미군 축소는 물론 철수도 할 수 있다 … (그는) 주한미군을 북한과의 협상, 아니면 한국과의 방위비 협상에서 레버리지로 활용할 가능성이 있다."

한승주 전 외무장관이 최근 국내 한 일간지와 인터뷰에서 한 말이다. 손꼽히는 미국 전문가의 입에서 주한미군이 북한과 비핵화 협상의 대상이 될 수 있다는 이야기가 나온 것은 충격적이다.

미국 헤리티지재단의 한반도 전문가 브루스 클링너 선임연구원의 시각도 다르지 않았다. 그는 <미래한국>과의 인터뷰에서 "트럼프 대통령은 주한미군 철수를 결정할 수 있다"면서 이어 한 발 더 나아가 그 배경으로 '문재인 대통령에 대한 미국의 불신'을 들었다.

클링너 선임연구원은 "문재인 정부는 북한의 비핵화가 이뤄진 것이 없음에도 남북관계를 성급하게 진전시켜 미국에 혼란을 주고 갈등을 만들고 있다"고 설명했다.

　문재인 정부는 북한이 주장하고 있는 비핵화가 북한 자신의 비핵화가 아닌 '한반도' 비핵화, 즉 한국에 핵우산을 제공하고 있는 미군의 선제적 철수를 의미함이 명확히 드러나고 있음에도 불구하고 그 사실을 국민들에게 숨기고 있다.

　문재인 정부는 유엔과 미국의 제재 대상일 수 있는 남북경협 문제를 성급하고 무리하게 추진하면서 '북한의 대변인'이라는 비판을 자초해왔고 현재 진행중인 한미 방위비 분담금 협상에서는 시간을 끌면서 미국을 고의로 자극하고 있다는 의구심을 자아내고 있다.

　우리는 러시아 중국의 전체주의 대륙세력과 미국이 주도하는 해양세력이 만나는 한반도라는 지정학적 위치 때문에 역사적으로 부침을 겪어왔다. 구한말 혹은 8·15 독립 직후 그랬던 것처럼 이제 우리는 다시 선택의 기로에 서게 됐다.

　동아시아에서 일본과 연대해 미국이 주도하는 자유민주 시장경제 체제내 국가로 남을 것인가, 아니면 중국, 러시아, 북한이 추구하는 전체주의 패권에 복속할 것인가. 중대한 역사적 결단과 전환의 시기에 미국으로부터 불신을 자초하고, 불행한 과거 역사를 끌어들이며 일본과 적대성을 키워가는 문재인 정부의 노선은 온 국민을 불안하게 만든다.

 반세기 넘게 일관되게 진행돼온 북한의 대남혁명노선과 국제혁명역량강화 전략으로서의 주한미군 철수 구호가 이제 어느덧 현실이 될 수 있는 상황에 처하게 됐다. 어떤 정치인의 표현처럼 우리는 지금 '나라가 기적처럼 망하고 있는 꼴'을 보고 있는 것이다.

 우리 국민의 우려와 목소리는 길거리에서가 아니라 정부와 국회를 통해 대변된다. 문재인 정부가 자유민주 대한민국의 역사를 거꾸로 되돌리고 있는 지금 국회는 정부 견제와 국가체제 수호의 역할을 제대로 하고 있는가.

 백척간두의 대한민국의 운명은 이제 국회에, 그리고 우리 국민 각자에 달려 있다.

2019.1.23.

6·25 청산의 조건

홍콩에서 100만 명의 시민들이 자유를 위해 거리에 나섰다. '자유라는 이름의 나무는 피를 먹고 자란다'고 했던 토마스 제퍼슨의 명언은 시대를 초월해 유효하다.

70여년 전 자유세계는 한반도에서 자유와 민주주의를 지키기 위해 피를 흘렸다. 6·25전쟁에서 우리 국군은 사망자만 15만 명, 그 외 실종자와 부상자를 포함하면 85만 명에 달하는 피해를 입었다.

또한 미군 사망 3만6000명을 포함 유엔 참전국 군인 사망 및 실종자와 부상자 15만 명을 합해 한국과 미국 등 자유국가의 군인 희생자만 120만 명이 넘고 민간인 사상자를 합하면 피해자는 200만 명에 달한다.

오늘날 남과 북이 평화를 말하고 있지만 북한은 수백만 자유인들의 피를 흘리게 한 침략전쟁에 대해 이제까지 한번도 사과 표명을 하지 않았다. 대한민국 대통령이 북한 지도자와의 수차례 정상회담을 하면서도 유감 조차 표시하지 않았다.

호국보훈의 달을 맞아 지난 6월 4일 청와대에 국가유공자와 보훈가족이 초청된 자리에서 6·25 전사자 고 김재권 일병의 아들 김성택 씨는 이렇게 말했다고 한다.

"화해는 전쟁을 일으킨 침략자의 사과가 전제돼야 한다. 69년이 지나도 사무친 원한이 깊은데 단 한마디 사과도 없이 평화를 말한다면 또 다른 위선이고 거짓 평화일 수밖에 없다."

이 용기 있고 상식적인 시민 앞에 대한민국은, 우리 국민은 부끄러울 수밖에 없다. 그런데 문재인 대통령은 최근 현충일 기념사에서 '국군의 뿌리가 김원봉'이라는 취지의 발언을 해서 논란이 일었다.

김원봉이 누구일까. 김원봉은 일제 시절 사회주의 계열에서 무장항일 운동을 하고 한편으로는 자유진영 임정의 활동을 방해하다가 해방후 북에 넘어가 인민군 창설에 기여하고 장관이 되어 6·25침략전쟁을 주도했던 '1급 전범戰犯'이다.

그러한 논리라면 6·25의 원흉 '김일성 장군'에게도 항일운동을 했다는 공로로 언젠가 서훈을 줘야 한단 말인가. 그것이 문재인 대통령과 주변 사람들이 생각하고 추구하는 사회통합이고 남북

자유 없는 평화 **81**

통일이었단 말인가. 대한민국은 자유의 가치를 점점 잃어버리는 사회로 나아가고 있는 것이 아닌가.

자신들의 이념으로 지상천국을 만들겠다는 이들은 인민들이 자유를 국가에 반납할 것을 요구해 왔다. 히틀러와 스탈린이 그랬고 모택동이 그랬으며 북한 김씨 왕조가 그렇다.

70여년 전 우리는 공산주의자들의 침략으로부터 자유를 지키기 위해 세계인들과 함께 한반도에서 200만이 넘는 희생을 치렀다. 그러한 기억은, 그리고 그에 대한 책임은 이제 더 이상 필요없는 것인가. 과거를 정리하지 않고는 결코 미래로 나아갈 수 없다.

2019.6.22.

중국의 민주화를 기다리며

올해는 중국의 5·4운동 100주년, 그리고 천안문 사태 30주년이 되는 해이다. 그리고 미국 패권을 넘어선 중화민족의 초강대국 '중국몽'을 완성한다는 2049년을 30년 앞두고 있는 해이기도 하다.

독재적인 군벌정치를 혁파하자고 일어선 북경 학생들의 5·4운동은 신민주주의 혁명이라고 불렸고 그 정신은 다시 1989년 6월 천안문 민주화 요구로 이어졌다. 그로부터 30년, 중국 인민들의 민주화 정신과 기운은 과연 오늘날 중국 대륙에 숨쉬며 살아 있을까.

중국 정부의 검열과 사상통제, 인권탄압과 소수민족 박해 그리고 종교탄압 등이 여전히 자행되고 있으며 최근들어 오히려 더 강화되고 있다는 소식이 들려온다. 시진핑 1인 체제의 우상화도 점점 심화되고 있다고 한다. 중국은 스스로 미국을 뛰어넘을 '신형강대국'임을 선포했다. 세계로부터 존중받는 도덕국가, 책임국가, 문명국가가 되겠다는 '대국형상론'도 발표했다.

하지만 중국은 이제까지 세계가 자유무역의 질서로 수용해 온 글로벌 스탠더드를 곳곳에서 악용해온 혐의를 받는다. 전 세계 특허와 지적 재산권을 침탈하고 보조금과 환율조작으로 자유시장경제 국가들의 기업이 피땀으로 이룬 경쟁력을 한 순간에 앗아가 왔다는 평가다. 미국 경제가 중국에 의해 몰락하고 있다는 내용의 피터 나바로Navarro 백악관 고문의 '중국이 세상을 지배하는 날Death by China'은 미중무역 분쟁의 도화선이 됐다.

서구의 자유와 민주주의 사상은 고대로부터 전제 권력과 투쟁하며 그 가치를 승인받아왔다. 하지만 '중국특색대국'의 통치 철학이라는 인仁 의義 예禮를 중국의 인민들이 자신의 생명을 바쳐 가꿔온 역사는 없었다. 역으로 그러한 중국 전통의 유교적 가치는 한漢나라 이후 천자天子를 꿈꾸는 세력들 간에 지배 통치의 정당성만을 백성들에게 강요하는 억압 이데올로기가 되어 왔다는 혐의가 짙다. 이에 '유교 공산주의'라는 개념마저 태동했다.

중국의 공산주의 엘리트들은 자유와 민주, 그리고 정의라는 서구적 가치를 비판하고 그런 가치로는 중국을 통치할 수 없다고 주장한다. 그들은 서구의 자유와 민주가 2008년 국제 금융위기의 원인이라고 주장해 왔다. 그래서 중국식 국가이념이 글로벌 모델이 되어야 한다고 외쳐왔고 전 세계에 '공자孔子학원'을 전수하기도 했다.

하지만, 그 공자학원들은 미국에서 스파이 행위가 드러나 철수되고 있다. 중화사상을 가진 세계에 흩어진 중국 유학생들, 우리나라 주요 대학에도 이미 상당수가 진입한 그들에게는 자신들이 배우는 선진화된 나라의 법과 질서 그리고 자유와 민주를 존중하려는 모습이 보이지 않는 것 같다.

오늘 우리는 묻게 된다. 지금의 중국은 과연 자신들이 이상향으로 꿈꿔온 대국, 공자의 나라가 맞는가. 그들의 仁義禮는 어디에 있는가. 중국은 이름과 국력에 걸맞는 보편성의 글로벌 스탠더드를 가지고 있는가. 중국은 미국이 공정성을 요구하는 무역전쟁으로 인해 다시 '죽의 장막'으로 돌아갈 것인지, 자유와 민주주의 체제로 변화할 것인지 기로에 섰다.

그 선택은 결국 시진핑 주석이 내릴 수밖에 없어 보인다. 진정한 중국몽은 중국이 자유민주주의와 시장경제 국가가 될 때만 가능할 것이다. 역사가 그렇게 증명해 왔다.

2019.6.4.

시진핑의 중국몽과 '샤프파워'

2017년 10월 시진핑 주석은 제19차 당대회에서 이렇게 주장했다.

"마오쩌둥毛澤東이 중국의 독립을 이루었고, 덩샤오핑鄧小平이 경제적 번영을 이루었다면, 세 번째 '신시대'의 나 '시習'는 중국을 다시금 강하게 만들 것이다 … 세계 나라들은 이제 인류가 직면한 문제들을 풀기 위해 (자유민주주의가 아닌) 중국의 지혜와 방법을 새롭게 선택할 수 있게 됐다."

중국은 과거 서구세계에 당했던 '치욕의 100년'을 만회하겠다는 의지를 갖고 있다. 여기에 중화中華민족주의는 강력한 에너지를 제공한다. '중화'는 서구의 자유나 인권과 같은 보편적 사상을 갖고 있지 않다. 그러다보니 중국은 자신의 정체성을 위해 서구적 개념의 우월성과 보편성을 부정하는 경향을 띠어 간다.

예컨대, '일대일로一帶一路' 사업에는 시 주석이 말한 '동주공제同舟共濟', 즉 '운명공동체'라는 개념이 적용된다. '공건共建·함께 건설한다'과 '공향共享·함께 나눈다'이라는 일대일로 정신은 21세기 중국 중심의 네트워크 질서이자 공동체를 의미하며 자국의 문명과 정체성의 연장선에서 중국이 관대한 지역 혹은 세계의 새 패권국임을 (스스로 착각하거나 무리하게) 주장하는 것이다.

중국의 이러한 꿈은 이제 '샤프파워sharp power'를 통해 주변국에 확산되고 강요되고 있다. 샤프파워란 군사력의 하드파워hard power나 문화의 소프트파워soft power와 달리 공작과 회유, 협박과 보상, 정보의 조작과 왜곡 등을 동원한 영향력을 말한다.

'샤프파워'라는 용어는 2017년 11월 미국 NED국가민주주의기금에서 처음 사용됐고 이후 포린어페어스誌와 영국 이코노미스트誌가 이 주제를 특집으로 다뤘다.

최근 미국이 중국의 전자 통신기업 '화웨이華爲·중화를 우뚝 세우자'의 제품 사용금지령을 내리고 화웨이 CFO를 캐나다에서 체포한 것은 미중무역전쟁의 일환이 아니라 전자통신장비를 통한 공산당 연계 중국 기업의 미국내 첩보활동에 대한 경고였다.

한편 영국 일본 호주 등이 미국의 조치에 즉각 호응한 데 반해 우리는 화웨이 제품에 대한 공공기관 사용금지 결정을 내리지 못하고 있다. LG유플러스는 차세대 5G 이동통신을 시작하면서 중

자유 없는 평화

국 화웨이 장비 도입 방침을 밝히고 있고 농협은 화웨이 전송장비로 통신망을 구축할 예정이다. 이 역시 중국의 샤프파워가 작동하고 있기 때문일 것이다. 중국의 샤프파워는 이미 한국을 대상으로 전방위로 작동하고 있다. 사드 배치 논란을 거치며 중국이 보여준 무법적 행태는 물론이고 탄핵촛불 정국에서 수만 명의 국내 중국 유학생이 중국 정보기관의 지시로 촛불을 들었다는 내용이 주요 일간지에 보도되기도 했다.

서울은 중국이 전 세계에 중화사상을 보급한다는 명분으로 설립한 공자학원의 시발지였다. 미국이 최근 공자학원을 스파이 혐의로 조사하고 미국의 대학들이 공자학원을 학문 자유의 침해를 들어 폐쇄하고 있음에도 한국의 공자학원에 보내는 대학들의 구애는 식지 않고 있다. 중국의 공작과 회유는 특히 문재인 정부와 여권에 집중되고 있다고 한다.

그 대가는 무엇일까. 한국 정부는 미국으로 대표되는 자유민주주의 해양세력과 중국의 국가전체주의 대륙세력 사이에서 북한과 함께 허울좋은 민족공존론을 펼치며 애써 대륙의 길로 향하고 있다. 선택의 기로에 선 한반도에 중국의 샤프파워는 세계 어느 곳보다 가장 위협적으로 다가오고 있다.

2018.12.26.

'중국몽'은 大國을 담을 수 없다

"시진핑이 엄청난 돈보따리를 제시하며 김정은을 중국으로 먼저 불러들인 거지요."

지난 3월말 김정은 방중이 공식 확인되기 이틀전 북한 고위급 엘리트 출신 인사는 사석에서 이런 분석을 내놓았다. 중국은 미북 정상회담을 통한 북한과 미국의 밀착 가능성을 미리 차단하고 북한에 대한 종주권을 유지하려는 한편 김정은으로서는 숨통을 조여오던 경제적 압박에서 일거에 벗어나 다가오는 미북회담에서 옵션과 여유를 가질 수 있게 됐다는 것이다.

실제 북중 정상회담 직후 중국의 북한산 제품에 대한 수입 해제조치와 북중 국경 물동량 증가 사실이 확인됐고 이로써 북핵 해결을 위해 국제사회가 구축해 놓은 대북제재가 흩어질 위기에 놓였다. 앞선 지난 3월 17일 중국은 전인대^{전국인민대표대회}의 2970대 0

표결로 시진핑을 임기 없는 주석으로 선출함으로써 시대착오적인 21세기 황제시대로 회귀했다.

 이는 자유무역을 통해 중국을 민주주의 시장경제 체제로 유도하고자 했던 미국 등 자유세계의 오랜 노력이 실패한 것과 자유진영에 대한 중국의 중대한 도전을 의미한다. 미-중으로 대표되는 자유 민주주의체제와 사회주의 독재체제 간의 패권전쟁 시대가 도래했다.

 중국의 1인 공산독재는 사상과 자유의 억압과 말살, 인권과 종교 등 인간 본연의 가치와 법치주의 등 전방위적 통제와 퇴보를 필요조건으로 한다. 중국의 군사경제적 굴기는 한반도에 어두운 그림자를 드리우고 있고 이미 우리에게 줄세우기와 선택을 강요하고 있다.

 중국의 경제 문제가 해결되지 못하고 미국과의 대결에서 밀릴 경우 시진핑의 1인 체제 권력은 도전을 받을 수밖에 없고 권력투쟁의 양상은 처절해질 것이다. 대륙에서 볼 때 '선택'은 이미 우리 몫이 아닐지도 모른다. 작년 4월 시진핑 주석은 트럼프 미 대통령을 만난 자리에서 "남북한^{Korea}은 역사적으로 중국의 일부였다"고 했고 중국 외교부 대변인은 해명을 요구하는 기자들에게 "한국 국민은 걱정할 필요 없다"며 더 이상 감출 것도 없는 시진핑시대 중국몽^{夢}의 '속내'를 드러냈다.

우리에 대한 중국의 하대下待와 치졸한 처사는 점차 노골화되고 있다. 문재인 대통령은 3박4일간 중국을 방문하면서 열끼 식사 중 두끼만을 중국측 인사와 함께하는 수모를 당했고 우리 기자들이 중국 경호원들에게 폭행당해 중상을 입어도 아무런 조치가 없었다.

정의용 대통령 특사는 하석에 앉아 시진핑 주석에게 방북 결과를 보고했는데 북중 정상회담 이후 중국이 보낸 특사는 문재인 대통령과 대등하게 앉아 대화를 나눴다. 사드 배치 이후 중국의 관광 제한과 우리 기업 퇴출과 문화 금지 조치, 한국 게임 죽이기 등 '소국' 스러운 행태는 열거할 수 없을 정도다.

이것이 지난 수천년간 우리가 국경을 마주하며 흠모하고 배우며 함께 살아온 대국 중국의 본 모습일까. 지난달 시진핑의 종신 개헌 이후 베이징대 교수 3명이 항의의 표시로 사임한 사건은 그 소식이 해외에 전해진 것만으로도 '뉴스'가 됐다. 유구하고 찬란한 역사와 문화와 전통을 지닌 중국의 저력과 가능성은 독재자 시진핑이 꿈꾸는 붉은 용의 '중국몽'으로 담을 수 없을 것이다.

자유와 인권을 꽃피워 인류와 세계에 기여하게 될 대국 중국의 변화와 미래를 기대해 본다. 그리고 먼저 자유와 번영을 성취한 우리가 중국 앞에서 자신감을 갖고 당당해져야 할 것이다.

2018.4.12.

몰려오는 전운^{戰雲} 아래서

　우리가 만약 북한 김정은의 입장에 있다면 어떤 결정을 내리게 될 것인가. 국가역량을 총동원해 수십년간 개발해낸 핵무기는 바야흐로 자신의 대내외 입지를 굳히고 있고 남한내 친북정부 수립과 한미동맹 약화 전략, 즉 '남조선·국제혁명역량강화'의 수순은 성공적 궤도에 오르고 있는 것처럼 보인다.
　하지만 그것으로 '꽃다운' 35세의 자신과 선대로부터 물려받은 북조선인민공화국의 유지를 보장할 수 있을까. 김정은 자신의 생명과 독재정권의 미래를 담보하기 위해 반드시 해야 할 일은 무엇일까.
　한반도의 미래와 통일에는 세 가지 길이 있다. 남북간 평화적 합의 통일, 김정은 독재체제 붕괴, 그리고 한반도 전쟁이 그것이다. 이 중 유독 우리 국민들이 온전히 간과해온 과정이 세 번째

길, 무력 충돌 가능성이다. 인류 역사상 수천년간 반복돼온 전쟁과 정세 변화를 도외시하는 역사적 망각은 어쩌면 현명하지 못한 국민들에게 반복되는 또 하나의 '역사' 그 자체인가.

고 황장엽 전 조선노동당 비서는 북한의 목표인 연방제 수립과 이후의 전면도발 가능성을 일관되게 경고했다.

"북핵 문제로 시간을 끌다보면 북한이 미국에 달라붙어 '핵무기를 버리고 남침도 안할 것이며 미국의 투자도 허용한다'는 감언이설로 속일 것이고 그 대신 미군 철수와 평화협정 체결을 요구할 겁니다. 이를 미국이 승인하는 경우 남한내 친북정권과 연방정권을 세우게 되고 … 미군철수가 실현되면 하룻밤에 100만 특수부대를 내려 보낼 겁니다." 2006년 5월, 11월 강연

설마 연방제라니, 그리고 21세기 대명천지에 북한의 전면도발? 비현실적으로 들리던 남북연방 가능성은 이제 대통령과 여권 대표의 발언 등을 통해 언급되기 시작됐다.

북한의 남침 가능성은 아직 피부에 와 닿지 않지만 시류의 변화는 순식간이고 전쟁 도발의 첫 번째 요소는 바로 불예측성에 있다. 서서히 몰려오고 있는 美-中 충돌의 전운戰雲 가운데 한반도가 또 한번 강대국간 대리전代理戰의 전장이 되지 않으리라는 법은 없다.

지난 9월 이뤄진 남북군사합의를 통해 휴전선 일대 우리 군의

전술활동 전면 금지와 정찰기능 중지, GP 폐쇄, 중서부전선 비무장지대 지뢰 제거 등 군사력 무력화 조치가 진행되고 있다. 싱가포르 미중정상회담 이후에는 한미연합훈련이 중단됐고 유엔사 해체, 종전선언, 한미연합사 작전권 이양, 한미군사관계의 근본적 변화 가능성 등이 한미 양국 당국자로부터 흘러나오고 있다.

한미동맹 와해와 주한미군 철수는 북한이 대남도발의 '결정적 시기'를 가늠하는 절대기준이 될 것이다. 북한이 평화공세를 중단하고 대남 군사도발을 감행할 경우 중국과 러시아의 지지 여부와 미국의 전면 개입 여부는 한반도의 새 주인을 결정하게 될 것이다.

트럼프 미 대통령은 문재인 정부를 패싱하고 김정은과의 딜을 통해 북핵 폐기와 북한 개방, 중국 견제의 3가지 목표를 추진해왔다. 중간선거 이후 트럼프 대통령은 미북협상에서 시간을 자신의 편으로 만들고 있다.

한미동맹이 느슨해지면 미국으로서는 동맹국 한국에 대한 부담감이 덜어져 북핵시설 폭격과 김정은 제거의 가능성이 높아질 수 있다. 북한에는 선제공격이 최후의 체제 유지 방안이 될 것이고 그 과정에서 문재인 정부와 우리 국민은 어느 편에 서게 될지 선택의 기로에 놓이게 될 수 있다.

한미동맹과 자유민주주의 체제가 선택 사항이 되었다면 누구를 탓해야 할까. 이제라도 우리는 각자 자신의 영역에서 자유와 대한민국의 수호자로 분연히 일어서야 한다.

2018.11.14.

유엔의 사명과 한반도의 운명

올해로 유엔의 세계인권선언이 70주년을 맞는다. 인권을 탄압하는 전체주의 독재 국가가 결국 세계 평화도 위협한다는 각성은 2차 세계대전 직후 유엔의 설립과 함께 1948년 세계인권선언으로 등장했고 그 정신은 2003년 이후 매년 세계 최악의 인권침해국 북한에 대한 유엔의 북한인권결의안으로 이어지고 있다.

그러나 유엔의 세계평화 수호와 인권개선 의지는 강력한 '내부의 적'들에 의해 도전 받고 있다. 북한 문제의 경우 유엔은 인권이사회 및 총회를 통해 2003년 이후 15년간 연속으로 북한인권결의안을 통과하고 최근 4년간 안보리에서 대북제재와 북한 최고지도자에 대한 국제형사재판소[ICC] 제소 등 구체적 방안을 논의했지만 안보리 상임이사국인 중국과 러시아의 방해로 인해 진전을 이루지 못하고 있다.

한편 북한은 유엔 총회 석상에서 '북한에는 인권 문제가 없다'고 주장해오더니 급기야 지난 10월 12일에는 '한국의 유엔사는 괴물과 같고 유엔의 취지에 맞지 않으니 해체해야 한다'며 미군 철수 주장 등 정치적 공세로 전환하기에 이르렀다. 이에 대해 우리 유엔대표부는 '회의 성격상 논의를 하기에 부적절하다'는 미온적 대답을 내놨다.

미국에 이어 두 번째로 많은 분담금을 내고 있는 중국은 인권 문제를 '개인의 권리와 인권이 아닌 국가 간 조화의 문제'로 전환시키면서 관련 예산의 축소를 요구하고 있고 실제 유엔 인권고등판무관실 UNHCR의 경우 최근 몇 년 예산이 대폭 삭감됐다.

중국은 러시아와 함께 시리아 문제에 대한 유엔의 대응을 정반대 방향으로 돌려놓기도 했다. 시리아 내전을 종식시키기 위해 미국이 유엔 안보리에 제출한 시리아 봉쇄안은 무산됐고 그 대신 민간인 학살을 자행해온 시리아 정부에 대한 수천만 달러의 '인도적' 지원이 결정됐다.

미국은 지난 6월 유엔 무용無用론을 주장하며 유엔 인권이사회를 탈퇴했다. 국가 주권과 이익을 최우선하는 트럼프 미 행정부와 다자주의를 강조하는 유엔 간 갈등은 이제 북핵과 한반도 체제 문제를 둘러싸고 남북한 및 미북 간에 치열하게 전개되고 있고 있는 상황에 어떻게든 영향을 줄 가능성이 높아졌다.

자유 없는 평화

미국의 공백은 어떻게 채워질 것이며 1975년 중국의 주도로 유엔 총회에서 결의된 유엔사 해체를 북한이 유엔에서 다시 주장하는 문제를 중국과 러시아의 영향력이 더 강화된 상황에서 유엔이 어떻게 다룰 것인가. 시리아 사태처럼 유엔이 미국과 반대 입장에서 한반도 문제에 중대한 영향을 행사하게 될 가능성은 없지 않겠는가.

유엔의 큰 원칙 '평화와 인권은 불가분'이라는 아젠다가 약화되면 세계 평화는 요원해질 것이다. 우리는 평화와 인권은 하나라는 유엔의 가치와 사명을 고수하고 요구해야 한다. 이 가치가 흔들리면 유엔은 지금 긴박하게 펼쳐지고 있는 남북한 최후의 체제 경쟁에서 한반도내 反자유민주주의 세력에 의해 反美의 도구로 전락할 것이고 아이러니하게도 대한민국 자유민주체제의 위협이 될 수 있을 것이다.

2018.10.31.

남북 국회회담과 연방제 추진

　문재인 정부가 집권여당과 함께 남북 국회회담을 추진하고 있다. 문 대통령은 지난 8월 5당 원내대표 오찬에서 "9월 평양회담이 남북 국회회담의 단초가 됐으면 한다"고 주문했고 문희상 국회의장이 지난 9월 평양에서 통일부 장관을 통해 남북 국회회담 제안서를 최태복 북한 최고인민회의 의장에게 전달했다.

　남북 국회회담은 1980년대 중반 이후 몇 차례 시도된 바 있지만 모두 무산됐는데 이번에 특히 주목되는 것은 정부의 입장이 북한의 오랜 대남전략과 같아졌고 그 사실을 더 이상 숨기지도 않는다는 사실이다. 지난달 평양을 방문했던 정동영 평화민주당 대표는 "올해 안에 남쪽의 100명 북쪽의 100명이 평양에서 1차로 남북국회회담을 열어 '남북연방'을 의제로 통일방안을 연구하자고 제안했다"며 그 목적을 당당히 밝혔다.

민의를 대변해 입법 역할을 담당하고 행정부를 견제하는 우리 국회와 달리 북한의 최고인민회의는 김정은 국무위원장과 노동당의 정책을 추인하는 거수기에 불과하다는 것은 예나 지금이나 자명하다. 그런데 왜 정부와 여당은 김정은의 손과 발에 불과한 북한 인민회의를 파트너로 삼겠다는 것일까. 최고인민회의의 실체를 정말 모르고 있는 것일까.

남북 양측이 공공연히 밝히고 있듯이 이번 남북 국회회담의 추진 목적은 판문점선언과 군사합의서를 포함한 평양공동선언의 비준을 견인하고 연방제통일로 가는 교두보를 만들자는 것이다. 이를 통해 대내외에 남북합의의 절차와 실행적 정당성을 연출하여 법적 정당성을 기정사실화하겠다는 것이다. 그렇다면 북한 정권이 명목상 최고인민회의를 유지하는 이유와 무엇이 다른가.

남북연방제는 문재인 대통령의 통일관이기도 하다. 문 대통령은 대통령 후보 시절 "낮은단계연방제는 우리가 주장하는 국가연합하고 차이가 없다고 생각한다"며 연방제 추진의지를 밝힌 바 있다.

낮은단계연방제란 남북에 각각 두 개의 정부가 정치 군사외교권 등 기능과 권한을 그대로 갖되 남북 쌍방의 대의원들로 구성된 민족통일기구를 통해 남북간의 공통된 사안들을 결정한다는 것이다. 연방제가 실현되면 주한미군 주둔 명분이 사라지고 국가

보안법과 안보수사기관이 해체돼 사회주의혁명운동이 합법적으로 펼쳐지게 된다. 우려하던 한반도 '적화통일'의 문이 열리게 되는 것이다.

김정은은 수십 수백 수천만 인민을 말한마디로 일사분란하게 부리고 상벌을 내리며 핵을 무기로 세계 정상들과 어깨를 나란히 하게 됐다. 한국의 대통령은 그가 필요해 부르면 당일 '번개' 정상회담이 이뤄지고 세계 최강 미국 대통령은 그와 '사랑에 빠져' 한 말馬에 타게 됐다.

전체주의 종주국 중국의 시진핑은 그를 필요로 하고 총애한다. 권불십년權不十年은 아직 '훗날'의 얘기고 국가들의 운명을 건 세기적 게임은 이미 시작됐다. 대한민국의 운명은 어떻게 될 것인가. 자유와 헌정수호의 거대한 싸움에서 우리 국민들의 저력을 믿고 역사의 주관자에 의지할 수밖에 없을 것이다.

2018.10.16.

트럼프의 승부와 우리의 선택

　북한 외교정책의 중추적 역할을 담당했던 태영호 전 영국주재 북한공사는 지난주 본지 초청 간담회에서 "트럼프 미 대통령이 김정은에게 속고 있는건지 속는 척하고 있는건지 잘 모르겠다"고 했다. 우리나라에서는 친북 진보진영이 트럼프 대통령을 응원하고, 친미 보수진영이 트럼프를 못미더워하는 '역전' 현상도 일어나고 있다.

　일각에는 트럼프 대통령이 김정은을 한방에 날릴 수 있는 모종의 '신神의 한수'를 숨기고 있다는 희망적 기대도 있다. 비핵화 협상 결렬시 미국의 압도적인 군사·경제적 대북압박이 본격화되면서 결국 북한은 물론 나아가 중국을 굴복시키고 문재인 정부의 연방제 통일안도 무산된다는 것이다.

　트럼프 대통령의 변칙적 행보로 인한 혼선은 이번주 미국 사회를 발칵 뒤집어 놓은 트럼프 행정부내 고위관리의 뉴욕타임스 칼럼을 통해서도 드러난다. 신원을 드러내지 않은 필자는 "행정부 고위 당국자들이 트럼프 대통령의 어젠다와 그가 내릴 최악의 결정을 막기 위해 은밀히 고군분투하고 있다"며 이로 인해 '투트랙 대통령직two track presidency'이 발생하고 있다고 소개했다.

이를테면, 트럼프 대통령이 푸틴과 김정은 등 독재자들에게 호감을 드러내고 전통적 우방을 무시하여 정책혼란을 야기하고 있지만 행정부내 저항세력의 숨은 노력으로 러시아 등 적대국이 벌을 받도록 하는 정상적 외교정책이 유지되고 있다는 것이다.

트럼프의 '본심'이 무엇인지는 중요하지 않을 수 있다. 모호한 정책이 유리한 국면을 만들어내기 위한 의도적 수단이 될 수 있고, 판을 흔드는 파격적 행보가 새로운 기회를 만들어 낼 수도 있다. 가치와 원칙보다 이익에 의해 움직이고 외교문제에 관한한 문외한인 트럼프 스스로도 자신의 최종 결정이 무엇이 될지 모를 수도 있을 것이다.

미국은 정치적으로 양극화가 심화되고 있고 트럼프 대통령의 탄핵 가능성까지 제기되고 있지만 외교 문제에서는 국익 최우선의 초당파적 윤리가 지배하고 있는 나라다. 지난 8월 미 의회에서 통과되고 트럼프 대통령이 서명한 국방수권법National Defense Authorization Act 2019에는 그러한 미국의 저력이 드러난다.

자유 없는 평화 **103**

미국은 내년 국방예산을 사상 최대로 증액된 7150억 달러로 확정했고 중국, 러시아, 북한, 이란 등 '적국'에 대한 입장을 분명히 했다. 법안은 한반도 문제와 관련해 △북한 핵확산의 적극적 억제 △주한미군 2만2000명 이하 감축 금지 △북한 비핵화 검증평가 제시 △전쟁 시나리오 대비 군사능력 강화 △방위능력 확대 △정밀 타격 미사일 프로그램 지지 등 강력한 내용을 담고 있다. 북한이 트럼프 대통령 한명을 '구워 삶는다'고 해서 미국이라는 자유체제를 결코 이길 수 없는 이유다.

문제는 우리나라다. 대다수 국민들과 정치인들이 북한 전체주의체제의 악마적 속성과 자유민주주의체제에 대한 이해와 신념을 잃고 있다.

대북 비핵화 협상이 실패하고 만약 미국이 북한과 전쟁을 결심하게 된다면 문재인 정부와 우리 국민들은 어느 편에 서게 될까. 대한민국이 자유민주주의 진영의 확고한 일원이라는 게 더 이상 당연하지 않은 불행한 시대에 우리는 살게 될 것이다.

2018.9.12.

종전선언과 평화

인류의 비극인 전쟁은 역사 속에서 간단(間斷) 없이 발생해 왔다. '모든 평화는 전쟁과 전쟁 사이의 휴식'이라고 했던 독일제국의 총사령관 에리히 루덴도르프는 1차 세계대전 후 2차 세계대전이 올 것을 정확히 알고 있었다.

마키아벨리는 전쟁은 인류의 숙명이라고 성찰했다. 그는 '전쟁은 회피할 수 없다. 자신에게 상황이 유리하게 전개되도록 연기될 수 있을 뿐'이라고 말했다. 플라톤은 '오직 죽은 자만이 전쟁의 끝을 본다'고 했다.

전쟁의 비극과 참상은 고대로부터 현대에 이르기까지 기아, 질병과 함께 인류가 고민해온 핵심 의제였다. 전쟁은 겪어 보지 못한 이들로서는 절대 이해할 수 없다는 말도 있다. 만약 전쟁을 평화보다 좋다는 사람이 있다면 그는 틀림없이 미치광이일 것이다.

그러한 전쟁을 한반도에서 끝내자고 남북이 만나고 미북이 만난다는 소식이 들려온다. 6·25전쟁은 미국으로서는 '기억하고 싶지 않은 전쟁', 그래서 '잊혀진 전쟁'으로 통한다.

잊혀진 전쟁을 끝내자는 생각은 아이러니하다. 6·25가 잊혀졌다면 그것은 정전停戰이 실질적인 평화를 가져왔기 때문이다. 대한민국은 6·25를 아직 잊지 않았기에 북한의 도발에 대응해 온 국민이 자유민주주의와 반공의식으로 무장했다. 대한민국의 평화와 번영은 그렇게 온 것이지 전쟁이 끝나서 온 것이 아니었다.

반면에 북한은 선군정치와 대남적화통일을 국시國是로 삼아 김씨 1인 독재와 전체주의 파쇼체제를 견지해 왔다. 남북간에 긴장을 일으킨 군사적 도발은 언제나 북한이 저질렀다.

대한민국은 헌법을 통해 평화를 위한 방어 의무를 천명하고 침략적 전쟁을 금지한다. 그렇다면 어느 쪽에 국가로서 그 정당성이 존재하는가. 그럼에도 불구하고 우리 사회에는 북한에 한반도 통일의 정당성이 있다든지, 북한의 핵이 민족자주적 차원에서 일리 있다는 주장이 있어 왔다. 그러한 주장은 이제 한반도 종전선언 요구로 치달으면서 허울 좋은 평화를 내세우고 있다.

하지만 그러한 평화라는 말속에는 한미동맹 해체, 주한미군 철수, 국가보안법 폐지, 일방적 대북지원 같이 북한이 대남적화를 목표로 한 통일전술의 기만적 술책들이 숨어 있다는 사실은 망각된다.

　진정한 평화를 누리려면 정전협정을 무력화 시키려는 정치적 선언보다 북한의 체제 변화가 우선되어야 한다. 북한에 민주적, 자본주의적 변화가 없는 상태에서 종전선언과 같은 통일전술에 말린다면 그러한 평화는 차라리 없는 것이 낫다.

　적으로부터 얻을 수 있는 진정한 평화는 공포의 균형에서 오는 것이지 스스로 무장해제를 통해 얻어지는 것이 아니다. 그렇기에 '평화를 원한다면 전쟁을 준비하라'는 격언은 우리에게 유효한 것이다.

　대한민국은 자유민주주의와 시장경제를 통해 발전한 나라다. 개인들의 인권과 재산이 존중되고 침략적인 전쟁을 거부하되, 튼튼한 안보를 통해 국민의 생명과 자유, 그리고 재산을 국가가 지켜야 한다는 이념으로 전쟁의 폐허에서 경제 규모가 세계 12위권으로 발전해왔다.

　이러한 눈부신 성과는 국민들이 6·25전쟁의 참상을 아직 잊지 않았기 때문에 가능했다. 남북통일을 한다면 성공한 국가 대한민국이 실패국가 북한 공산파쇼체제를 대안적으로 대체해야 하는 것이지 그들이 주도하거나 1대1로 주고받을 일이 아니어야 한다. 북한의 평화공세에 끌려다니는 대한민국의 국격이 말이 아니다.

2018.9.3.

남북연방제와 헌정수호의 길목에서

곳곳에서 '보수는 끝났다'라는 소리가 들려온다. 그 소리는 한편으로는 분노에 찼고 다른 한편으로는 절망을 담았다.

6·12 싱가포르 미북회담에서 트럼프 대통령은 북핵폐기에 앞서 한미 군사훈련 중단과 주한미군 철수 가능성을 내비쳤다. '김정은은 똑똑하고 북한 주민을 사랑하는 지도자'라는 평가도 내려줬다.

10여년전 고 황장엽 선생은 이러한 상황이 도래할 것을 예측한 것 같다. 그는 "북한 핵문제로 시간을 끌다보면 북한이 미국에 달라붙어서 '(우리는) 핵무기를 버리고 남침도 안할 것이며 미국의 투자도 다 허용한다'고 속삭이면서 미군 철수와 평화협정 체결을 요구할 것이고, 만약 미국이 이걸 승인하는 경우 남북연방정권을 세우는 북한의 전략이 성공할 것"이라고 예견했다.

당시 우리는 이 말의 의미를 실감하지 못했다. 설마 미국이 북한체제를 인정하고 주한미군을 철수시키는 날이 오겠느냐고 생각했다. 그리고 다 쓰러져가는 북한 독재체제와의 남북연방이라니, 아무리 친북좌파 정권이라도 설마 그것을 추진하고 우리 국민들이 과연 지지할 것인지 의심했다.

하지만 고 황장엽 선생의 예상이 이제 현실로 다가오고 있는 것이 아닌가. 6·13 지방선거가 보수정치세력의 대참패로 끝난 이 시점에서 문재인 대통령은 북한과 새로운 시대를 열겠다는 의지를 더욱 확고히 다지고 있다.

그 의지는 '남북국가연합'이라고도 불렸고 '낮은 단계의 연방제'라고도 불려온 한민족통일방안이었다. 문재인 대통령은 지난 대선 후보토론에서 "(양자간) 차이는 없다고 생각한다"고 했고 "6·15정신을 받들어 남북연합, 낮은단계연방제를 실현하겠다"고 약속했다.

본격적인 남북협상과 미북간 실무협상이 진행되면서 이제 북한에 대한 제재는 점차 해제될 것으로 보인다. 어마어마한 금액의 대북경협사업들이 준비되고 있다는 소식도 들려온다.

언론에는 바야흐로 미북협상으로 북한에 새로운 투자의 길이 열렸다는 기사들이 등장하고 있다. 지방선거에서 참패해 길을 잃은 자유한국당과 바른미래당이 내홍으로 빠져드는 사이 청와대

자유 없는 평화 **109**

와 집권여당은 북한을 지원하기 위한 남북경협안에 골몰하기 시작했다.

아울러 남북 국회회담과 연방제 주장이 나오고 있다. 국민들은 낮은단계연방제가 구체적으로 무엇을 의미하는지, 그리고 노태우 정부 시절부터 나온 남북연합이 어떤 요소들을 담고 있는지 확실히 알지 못한다. 그렇기에 북한이나 문재인 정부는 북한의 낮은단계연방제나 한국의 남북연합이 다른 것이 아니라 같은 것이라고 호도할 수 있는 것이다.

그러나 우리 헌법은 북한지역을 수복해야 할 강토로 규정하고 있다. 대한민국의 주권은 헌법상 북한 영토에도 미치기에 우리는 북한을 대한민국 헌법이 명령한 자유민주와 평화적 방법에 의해 단일국가 형태로 통일해야 하는 것이지, 북한 수령체제를 국가로 인정해 남북연합이든 낮은단계연방제를 할 수 없다는 것이 헌법학자들의 해석이고 통진당 해산심판에서 등장한 헌법재판소의 결정이다.

그럼에도 남북연방은 '새로운 시대'와 '평화'라는 미명하에 문재인 정부가 은밀히 추진하고 있고 그 흐름이 남북 국회회담 추진 등을 통해 가시화되고 있다. 대한민국의 헌법과 건국 정신은 그러한 움직임을 저지할 것을 명령하고 있다.

2018.6.19.

태영호의 증언이 말하는 것

　북핵 문제를 둘러싸고 한치 앞도 예측할 수 없는 외교 전쟁이 펼쳐지고 있는 상황. 지난달 태영호 전 영국 주재 북한공사의 국회 강연과 그의 저서 <3층 서기실의 암호>를 접했을 때 '이거다!' 무릎을 쳤다. 어쩌면 우리 사회가 집단최면 상태에서 벗어날 정세전환의 촉발점이 될 수 있겠다 싶었다.
　다음날 북한은 성명을 통해 태영호 공사의 국회 강연을 비난하며 남북고위급회담을 전격 취소했고 며칠 후 트럼프 미 대통령은 예정된 미북회담을 번복했다.
　태영호 공사는 김정은의 핵폐기 가능성에 대한 논란을 일단락 시킨다. 북한은 불가역적인 핵폐기CVID를 절대 받아들일 수 없을 것인데 그 이유는 수많은 정치범 수용소나 김씨일가 전용 특수 지역 등 북한 전지역에 대한 CVID 강제사찰을 수용할 수 없다는 것이다.

만약 북한이 전면적 특별사찰을 받아들인다 하더라도 주먹 크기의 플루토늄 핵물질과 핵탄두를 1만 개에 달하는 지하시설에 숨겨놓으면 찾을 방법이 없기 때문에 김정은은 '핵폐기' 이후에도 핵보유를 대내외에 기정사실화 할 것이라고 태영호는 말한다.

실제 북한은 2013년 3월 핵경제 병진노선을 당의 정책으로 공식 결정함으로써 핵보유를 헌법과 당정책에 명문화해 법으로 제도화했다. 북한은 남한 인민이 더 이상 아우르고 갈 대상이 아니라 핵무기를 통해 제거해야만 북한의 영원한 생존이 가능하다는 결론을 내렸으며 이에 핵 그 자체가 북한의 통일전략이 된다.

태영호 공사는 자신도 젊은 김정은이 선대의 핵개발 노선을 포기하고 북한을 개혁개방으로 이끄는 것이 아닌가 착각을 한 적이 있다고 고백한다. 그만큼 김정은의 통치술은 집요하고 능수능란하다.

개인적으로 오랫동안 궁금했던 점이 북한 최고수뇌부에서 누가 오랫동안 최종 결정을 조정하고 내리고 있는가하는 것이었다. 태영호 공사는 그것이 바로 '3층 서기실'이라며 평양의 심장부의 실체를 드러낸다. 북한은 김씨 가문과 여러 하부 조직 사이의 종적 체계만 존재하는 사회다. 횡적 체계는 거의 없으며 모든 정보는 3층 서기실을 통해 취합돼 김정은에게 보고된다.

3층 서기실은 체제유지를 위해 불철주야 최적화된 정책을 만들어내게 되는데 김정은은 그의 말 한마디로 최측근도 총살시키는 절대 권력을 과시하고 있지만 권력 유지를 위해 3호실의 결정에서 한치도 벗어날 수 없게 된다.

태영호 공사는 수많은 에피소드를 통해 평양의 실체를 드러낸다. 북한에서 높이 평가하던 '김대중 선생'을 6·15를 통해 이용하는 장면, 유엔의 대북인권 제기에 대한 대응, 리용호 강석주 최선희 김창선 김영남 김여정 등 현직 실세에 대한 인물평, 누구도 예외일 수 없는 주요 인사들의 숙청 전모, 9·19 공동성명 도출 과정, 영국을 이용한 대미외교 전략, 북한이 주장하는 한반도 비핵화의 의미, '비키니 보다 노출이 심한' 옷을 입고 고위급 방북 인사들을 접대하는 기쁨조 여성들의 모습 등이 소개된다.

태영호 공사는 통일을 '노예해방혁명'이라고 규정한다. 의사표시의 자유, 이동의 자유, 생산수단 보유의 권리, 그리고 자신의 탈북망명의 이유가 된 자식과 함께할 수 있는 자유조차 없는 북한사회는 현대판 노예사회인 것이다. 태영호 공사는 그러한 통일을 위해 용기를 냈고 결단했다.

김정은이 가장 두려워하는 것은 자유와 인권, 시장의 힘, 세상의 진실, 그리고 자신이 차지하고 있는 신의 자리 종교 등이다. 북한에 핵과 수령절대주의라는 비대칭 무기가 있다면 우리에게는 자유민주주의라는 무기가 있다. 우리는 한반도에 자유와 인권을 확산해야 하며 이것이 모든 대북대화와 통일의 목적이며 원칙이어야 한다.

2018.6.7.

자유의 적敵

 '자유민주적 기본질서에 입각한 평화적 통일정책 수립'을 명시한 현행 대한민국 헌법은 강자强者의 정책이었다. '햇볕'으로 상징되던 대북 포용정책의 기본전제도 북한에 대한 우리 자유민주체제의 자신감에서 비롯됐다. 하지만 이젠 게임의 룰이 바뀌었다.
 북한이 핵과 미사일을 완성하고 사실상 핵보유국의 지위를 획득함으로써 남북한 힘의 우위는 단숨에 역전됐다. 현재 한반도를 둘러싸고 벌어지고 있는 기이하고 복잡한 현상들, 좌우 어디를 둘러봐도 활로가 잘 보이지 않는 현 위기는 남북한 간 힘의 역전에서도 기인한다.
 아버지 김정일에 이어 6차례의 핵실험과 117차례의 미사일시험을 통해 핵보유국을 완성한 김정은은 과연 한반도 게임의 승자가 될 수 있을 것인가. 북한을 21세기 야만 사회로 만들고 있지만 그와 운명을 같이하는 북한의 당 간부들과 많은 평양의 시민들, 그리고 일부 우리 국민들에게 조차 그는 어쩌면 듬직하게 다가오는 것 같다.

그리고 이제 대한민국은 그러한 북한과 운명을 점점 함께 하고 있다. 이제 우리는 남북한의 공동운명을 '평화' 혹은 '통일'이라고 부르게 됐다. 그러한 평화와 통일에는 자유가 없다. 북한체제를 자유와 개방으로 이끌어야 한다는 원칙이나 립서비스 조차 들리지 않는다.

2018 남북정상회담 판문점 선언의 13개 항목은 기존 남북회담의 합의사항들을 반복했을 뿐이지만 상황은 바뀌었다. 지금까지 북한이 생존을 위해 핵을 개발했다면 이젠 어쩌면 살기 위해 핵을 포기할 수도 있는 여건, 혹은 지금까지와는 차원이 다른 쇼를 펼칠 수 있는 상황이 조성됐다.

북한이 과연 힘의 원천이요 게임체인저인 핵무기, '하늘이 무너져도 바닷물이 말라도 포기할 수 없을 것이라는 인민의 피의 대가'를 포기할 수 있을까. 과거에 비해 김정은은 체제 유지에 대한 자신감을 갖게 된 것 같다.

김정일이 체제 붕괴 위기로 대미관계 개선을 포기하고 핵보유를 총력으로 경주했다면 김정은은 핵을 유산으로 받았고 세계 자유의 수호자 미국은 상대적으로 움츠리고 있다. 누구도 김정은의 의도를 확실하게 알 수는 없다. 그는 정말 노벨평화상의 주인공이 될 수도 있지만 문재인 대통령이 조연한 명名연기로 세기적 악역의 주인공이 될 수도 있다. 전쟁에서는 속이는 자보다 속는 자가 더 나쁘다.

김정은의 핵폐기 선언이 진심이든 거짓이든 지금은 그것이 중요하지 않다. 미소 군축협정에서 '신뢰하되 검증하라Trust but verify'는 모토로 냉전을 종식시킨 레이건 대통령의 지혜가 필요할 때이다.

죽느냐 사느냐의 각오로 세계를 상대로 핵게임을 벌여온 김정은의 자세와 대한민국의 체제 변화와 한반도의 패러다임 전환을 위해서라면 미국 대통령에게 노벨상을 기꺼이 양보하겠다는 문재인 대통령의 '불사不死의 정신'에도 가별한 데가 있다.

이젠 '적폐'가 돼 죽음으로 몰리게 된 자유 대한민국의 '배부른 돼지'들이 있다면 깨어야 할 대상은 바로 그들이다.

2018.5.11.

'다키스트 아워'를 밝힐 빛

영화 <다키스트 아워 Darkest Hour>는 평화로 위장한 히틀러와 의회 내 협상론자들의 타협안을 거부하고 영국을 결사항전으로 이끈 영국 총리 처칠의 이야기를 다뤘다. 작품상 등 2018 아카데미상 6개 부문 수상 후보로 지명된 수작이지만 우리나라 박스오피스에선 흥행을 못한 걸 보면 '우리 취향'은 아니었나보다.

역사상 한번도 다른 나라를 침략한 적이 없고 주도적 전쟁을 해본 적이 없는 '평화의 민족' 한민족. (6·25 전쟁을 일으킨 북한 '김일성민족' 제외) 그래서인지(?) 북한의 공공연한 핵전쟁 위협에 분연히 맞서야 할지 말지에 대한 고민은 고사하고 그것이 위협인지 아닌지를 갑론을박하고 있고 그나마 대다수 국민들은 관심이 없다. 그래서 지금 대한민국은 '다키스트 아워'보다 더 어둡다.

영화가 그리고 있는 1940년 여름 영국의 상황이 암흑의 시간이었던 것은 히틀러가 전유럽을 전광석화처럼 손에 넣고 있었고 영국은 히틀러의 위장평화전술에 속아 노예국가로 전락할 위기에 있었기 때문이다.

하지만 그건 미래를 살아본 후세대들의 기술일 뿐 당시는 그것이 가장 어두운 시간인 줄 몰랐다. 히틀러와 나치는 아직 미지의 정체였고 홀로코스트 등 전체주의와 인종주의의 광기는 노골화되지 않았다.

전임 총리 체임벌린이나 외상 핼리팩스 등 유화론자들의 주장은 현실적인 것처럼 보였다. 히틀러의 의도와 나치즘의 사악함을 간파했던 것은 당시 처칠 뿐이었다. 그는 "히틀러에 대한 양보는 결국 더 큰 전쟁으로 이어질 뿐"이라고 경고했고 "전쟁에서 진 나라는 다시 일어설 수 있지만 무릎을 꿇고 굴복한 나라는 다시 일어설 수 없다"고 포효했다.

한편 지금 우리는 어떤가. 김일성-김정일-김정은 왕조의 전체주의 주체사상과 폭압독재와 대량아사, 기독교 박해와 정치범 수용소와 공개처형, 대량살상무기와 폭침 테러, 공중납치와 피랍 살해 등 명확히 드러나지 않은 것이 없다.

그러나 그런 북한 정권에 분노하거나 최소한 김정은을 '독재자'로 부르는 이들조차 많지 않다. 과거 어떤 군사정권이나 부정기업, 무슨 비선실세에 대해서는 화를 내고 촛불을 들어도 그들보

자유 없는 평화 **119**

다 몇십 몇백 배는 더 악랄한 북한 정권에 대해서는 한없이 너그러운 평화주의자가 된다. '평화'는 사회 각계 모든 문을 여는 열쇠가 된다.

 그래도 희망은 있다. 586 주사파 운동권에 물들지 않고 북한의 현실을 있는 그대로 바라보고 독재자 김정은에 분노할 줄 아는 2030 젊은이들이다. 트럼프 행정부는 우리가 외면해온 북한인권 문제에 몰두하기 시작했다. 인권과 자유는 북한을 여는 진짜 열쇠다.

 어쩌면 마지막 기회다. 김정은 폭압정권에 대한 우리의 무감각이 깨어나고 국민들이 광화문에서 북한인권을 위한 촛불을 밝히게 되는 날 암흑은 물러갈 것이다. 작은 불을 붙이는 일이 남았다.

2018.3.5.

남북대화의 청구서

"그래도 김정은 그놈 정치력 하나는 알아줘야 한다는 말도 합네다. 중국놈들이 조여오니 재빨리 남조선에 돈줄을 대는 걸 보면서 말입네다."

북한에서 지난달 나온 한 탈북민이 전한 북한 내부 분위기다. '김정은이 핵미사일을 완성하고 남조선에 시혜를 베풀며 회담을 이끌고 있는 상황'에 대한 북한 지도층의 시각인 것이다.

북한 사람들이 우리보다 뒤떨어져 있다고 생각한다면 오산이다. 죽고 사는 것이 국가체제와 사상에 대한 학습과 일상의 '정무적' 판단에 달려 있는 만큼 특히 정치적 두뇌라면 우리보다 훨씬 앞서 있을 것이다. 반면 우리는 자유민주주의에 대한 국민적 합의를 스스로 허물며 사상전戰에서 패하고 있다.

근래 북한에 다녀온 국내외 인사들에 의하면 평양은 하루가 다르게 변화하고 있다. 휴대폰 사용자가 폭발적으로 늘고 있고 (이집트 오라콤과 북한의 합작사인 고려링크 가입자 수가 작년말 기준 400만 명에 달한다는 통계가 있다) 거리에 차들이 부쩍 많아지고 있으며 텅 비었던 상점 진열대에 물건들이 놓이기 시작했다. 평양에 주택거래소가 생겨났고 중심부 아파트가 10만 달러 정도에 거래된다고 한다.

그러나 변화는 거기까지일 것이다. 변화의 동력은 2000년대 초반 이후 활발해진 지하자원 채굴 등 대중국 무역증가도 있지만 무엇보다 배급제의 붕괴 이후 자발적으로 생겨난 400여 개에 달하는 장마당과 이로 인한 시장경제 도입과 생산 분업의 효과로 여겨진다. 텃밭 재배는 기본이고 아파트에서 누구나 가축을 길러내다 팔 정도고 국가기업소를 맡은 당 간부들은 제각기 '사장'이 돼 자신을 위한 돈 벌기에 혈안이 돼 있다.

이러한 각자도생이 생산력의 단기적인 폭발적 증가와 변화를 이룬 것이다. 하지만 개방 없는 시장의 힘에는 한계가 있다. 그리고 무엇보다 미국 트럼프 행정부의 대북제재가 이미 북한 내부에서 혹독하게 체감되고 있는 것으로 전해진다.

이번 미국의 제재는 유엔 제재와는 달리 북한과 거래하는 모든 기관과 기업들에 대한 직접적 처벌로서 과거 북한의 금융계좌와 자산을 동결한 델타방코아시아[DBA] 방식의 제재를 뛰어넘는다. 이번에 김정은을 평창에 불러들인 수훈으로도 꼽힌다.

　김정은은 평창올림픽을 통해 남북 대화를 재개하면서 우리에게 청구서를 내밀고 있다. 연기 요구는 이미 관철됐으며 연합훈련의 폐지와 주한미군 철수 주장의 빈도와 강도가 점점 높아지고 있다. 정부가 부인하긴 했지만 금전적으로 80조 원을 요구했다는 보도도 있었다.

　과거 김대중 대통령이 6·15 정상회담을 3일 앞두고 북한의 일방적 연기 통보로 꼬박 하루를 대기하는 수모를 당했던 것은 대북송금 지연 때문이었다. 당시 4억5000만 달러를 북한에 송금한 정몽헌 현대그룹 회장은 후일 검찰조사 도중 죽었고 박지원 비서실장은 구속됐다.

　김대중 정부와 노무현 정부가 북한에 제공한 돈은 공식적으로만 각각 24억7065만 달러와 43억5632만 달러에 달했다. 문재인 대통령과 참모들은 지금 청와대에서 대북송금 방법에 대해 고심하고 있을지도 모른다. 모든 대북 거래를 눈을 부릅뜨고 주시하고 있는 미국 정부가 거대한 '장애물'이자 '적'으로 여겨질지도 모른다.

　레바논과 이란 등 제3국 금융기관을 통한 우회방법, 육로와 선적 비행기 등 육해공을 통한 직접 운송방법은 물론이고 비트코인 등 암호화폐를 통한 송금 가능성도 고려됐을 수 있다. 국민적 대

각성과 역사적 반전이 일어나지 않는다면 우리가 지난 반세기 동안 알고 있고 희망하던 대한민국과 한미동맹, 그리고 자유민주주의 통일은 없을 것이다.

2018.2.14.

대화라는 이름의 질병

정치철학적 관점에서 보면 진보적 민주주의자라고 불리는 리버럴은 대화를 좋아한다. 대화^{dialogue}는 정반합이라는 변증법의 다른 이름이며 헤겔 좌파의 핵심적 이념이었다.

그들은 정치적 낭만주의자들이다. 현실에서 결단하지 못하고 끝없는 대화를 추구하면서 문제의 심각성을 키워간다. 명백한 위기 앞에서도 진보적 민주주의자들은 대화를 추구한다. '전쟁만은 안된다'라는 입장은 결국 전쟁의 책임이 이를 막지 못한 자신들에게 있다는 고백이 되므로 적들로서는 너무나 반갑지 않을 수 없게 된다.

이번 평창올림픽에서 남북대화는 우리 정부의 간절한 참여 요청으로 시작됐다. 동맹국으로서 자신의 안보적 생명이 달린 한미연합훈련을 유보하는 조건마저 먼저 내걸었다. 미국은 문재인 정부의 행동에 너털웃음을 날리며 고개를 끄덕여주었다.

한국 국민들의 열렬한 지지를 받는 한국 정부의 요청을 일거에 거절할 수도 없는 노릇이었다. 그러자 북한 선전매체들은 평창올림픽 참여의 조건으로 '한미 연합훈련 중단'을 노골화했다.

북한과의 대화란 언제나 이런 식이었다. 안주면 내놓으라 하고, 주면 더 달라는 식의 북한 협상술은 대화를 원하는 우리를 언제나 '을'로 만든다. '협상 무패'라는 전적도 갖고 있다.

결국 이번 평창올림픽 남북대화도 그들이 원해서가 아니라 문재인 정부가 먼저 원했던 것만큼, 북한이 주도권을 행사할 것이라는 점은 명백하고 만에 하나라도 진행 중인 군사회담이 결렬된다면 북한은 그 책임을 우리에게 돌리며 또 다시 '불바다' 핵공갈을 할 것이라는 점도 명백하다.

이제는 북한과의 이러한 악순환을 끝내야 한다. 그러려면 한국의 진보적 민주주의자를 자처하는 문재인 정부와 더불어민주당 그리고 외곽 시민단체들은 정치적 낭만주의에서 비롯된 고질적인 '대화의 병病'을 고쳐야 한다.

이번 평창올림픽에서 북한이 원하는 것은 분명하다. 남한에 대해서는 '우리민족끼리', 동맹국 미국에 대해서는 '불벼락을 칠 원쑤'라는 구도하에 북한은 자신들의 핵무기를 내세워 대한민국이 먼저 머리숙여 복종하기를 원하는 것이다.

그리고 급기야 "핵은 남한이 아니라 미국을 겨냥한 것"이라고 했고 "우리가 너희를 미제로부터 지켜주마"라고 할 태세다. 그러다가도 기회만 되면 우리를 제치고 미국과 협상테이블에 앉을 것이다.

이러한 북한의 태도는 한미동맹에 균열을 내고 궁극적으로는 한미동맹을 해체시킨다는 대남통일전선의 원칙에서 한 발도 비켜서지 않는다. 하지만 북한의 이런 전술에 대한민국을 이끌어가는 여권의 위정자들과 적지 않은 국민들이 환호작약을 한다는 점이 불안한 것이다.

무엇보다 올림픽은 인류 평화의 제전이다. 기원전 8세기 고대 그리스의 도시국가끼리 갈등을 줄이고 선의를 도모하기 위해 시작된 올림픽 제전은 지금도 그 정신을 유지하고 있다. 그렇기에 IOC는 과거 남아프리카공화국이 인종차별정책으로 국제사회로부터 비난을 받고 있을 때 올림픽 출전권을 박탈했던 것이다.

그렇다면 왜 자신의 인민들을 굶겨 죽이고 때려 죽이고 얼려 죽이는 역대 최악의 반인륜 국가인 북한의 독재정권에 대해 IOC는 환영의 이중잣대를 갖고 있는 것일까. 대한민국의 양심적 진보는 그러한 문제에 왜 침묵하는 것일까. 우리는 북한이 평화의 제전에 참여하려면 먼저 자격을 갖추라고 외쳐야 한다.

2018.1.15.

평창올림픽과 체제 경쟁

 2017년 촛불체제를 완성하고 헌법적 가치와 절차를 교체 중인 대한민국이 2018년 카이로스의 시간으로 빨려 들어가고 있다. 한국의 자유민주주의 체제와 북한 김정은 공산독재 체제간의 종말을 위한 경주. 어느 쪽이 먼저일까.
 평창올림픽이 열리는 기간은 공교롭게도 미 당국이 분석한 북한의 핵개발 완성 시기와 일치한다. 트럼프 대통령은 해결 방안으로 북한 ICBM에 대한 원포인트 타격, 핵과 미사일을 단기간에 제거하는 다중병행식 선제타격, 김정은 제거, 해상봉쇄 등의 군사옵션을 검토하고 있는 것으로 알려진다. 미 올림픽 대표선수단이 평창올림픽에 불참할 수 있다는 얘기가 미국 정부로부터 흘러나오기도 했다.
 문재인 대통령은 다급해졌다. 평창올림픽을 계기로 한미군사훈련의 축소 및 중단 방안을 제시했고 '미국의 독자적 대북공격이 한미동맹의 파열을 가져올 것'이라며 미국의 발목을 잡았다. 그리고 북한을 평창올림픽에 참가시킬 수 있다면 무엇이든 할 태세다. 의도적이든 아니든 대한민국은 지금 한·미·일 동맹에서 벗어나 남·북·중 연맹으로 이동 중이다.

북한을 불러들이기 위해 올림픽 제전의 '평화'의 기치가 동원되지만 결과는 절체절명의 김정은 체제를 위한 시간벌기가 된다. 혹은 북한 선수단의 참여가 북핵과 한반도 평화의 문제를 진전시킬 것이라고 믿는 누군가가 정말 있는 것일까? 북한은 새해 평화공세를 펼치며 남북관계를 주도하려 하거나 미북 평화협정 체결을 위한 핵능력 고도화 작업을 지속할 것이다.

올림픽과 스포츠의 핵심은 땀과 실력이 결과를 좌우하는 공정한 경쟁이다. '메이저리그 우파-할리우드 좌파'라는 말이 있듯 운동선수 중에는 우파가, 문화예술인 중에 좌파가 상대적으로 많다는 관찰이 있다.

이는 운동선수가 '단순하고' 예술가들이 '심오해서가' 아니라 경기의 승패는 대체로 정직하고 객관적인 데 비해 대중의 취향과 감성에 어필하고 이에 의해 평가되는 예술가의 성공은 주관적일 수 있기 때문이다.

메달은 모두에게 평등하게 분배되지 않으며 엄정한 기록과 점수에 의해 승자와 영웅이 탄생한다. 경기에서는 좌파적 요설이 설 자리가 없다.

동시에 올림픽은 '정치적'이기도 하다. 1936년 베를린올림픽은 히틀러와 나치의 입지를 강화시켜주는 데 활용됐고 1964년 도쿄올림픽, 1988년 서울올림픽, 2008년 베이징올림픽 등도 주체국의 경제성장과 국력신장을 과시하는 기회가 됐다. 특히 사회주의 국가에서 문화예술과 스포츠는 정치와 이념을 위한 선전선동의 전위대로 활용돼왔다.

평창올림픽은 우리에게 무슨 의미일까. 태극전사들을 한마음으로 열렬히 응원하면서 가치공동체인 대한민국에 대한 소속감과 애국심을 확인하고 자유민주주의 체제의 소중함과 경제적 번영의 성과와 미래를 생각하는 기회가 되기를 바란다면 지나친 것일까.

2018.1.2.

통큰 김정일씨의 자상한 유머감각

"역도패당, 파쑈깡패집단, 대결광신자, 괴뢰패당, 불한당, 반역자, 호전광, 반역통치세력, 돈끼호테와 싼쵸, 구제역 살처분감…"

최근 북한 정권이 대남선전매체인 '우리민족끼리'의 트위터 계정 등을 통해 우리 대통령과 정부 그리고 한나라당을 향해 공식적으로 내뱉고 있는 말들이다. 새삼 우리말 욕설의 다채로움과 김정일 씨의 통큰 배포(?)와 자상한 유머감각(?)마저 느끼게 된다.

하지만 한편으론 이러한 말들이 위협적으로 먹혀드는 모양이다. 현재 민노당 등 좌파진영에서는 북한을 비판할 것인지를 두고 논의가 한창이다. 이정희 민노당 대표는 최근 자신의 페이스북을 통해 "나는 북한의 3대세습 문제에 대해 비판적 입장을 밝힌 바가 전혀 없다"고 '해명'했다.

최근의 민노당-진보신당 통합논의에서 자칫 민노당이 북한의 3대세습에 대해 비판적이라는 미묘한 뉘앙스를 풍긴 것에 대해 '전혀 그렇지 않다'고 애써 못을 박은 것이다. 북한의 김정일 '위원장님'과 국내 종북세력에 대한 친절하고 섬세한 배려와 변명이었다.

북한의 우리민족끼리는 이미 지난 4월 13일부터 남한사회를 향해 '반값 등록금' 투쟁에 나설 것을 주문했다. 4·27 재보궐선거와 이후 한나라당의 새 원내 지도부가 들어서기 이전이다.

우리민족끼리는 "(북한)공화국의 청년들은 강성대국의 미래를 위한 보람찬 투쟁에서 값높은 창조와 위훈의 자욱을 새겨가는 반면 남조선에서는 대학생들이 터무니없는 등록금과 졸업후의 실업 등으로 비참한 운명을 강요당하고 있으며 절망에 빠져 스스로 죽음의 길을 택하고 있다"고 선동하기도 했다.

또한 "(북한에서의) 수업료의 전반적인 폐지는 김일성 주석의 숭고한 후대관이 낳은 사랑의 결정이었으며 공화국에서 전반적이고도 완전한 무료교육제가 실시되었음을 온 세상에 선포하는 력사적 선언이었다"고 자랑했다.

코믹하기도 하고 무슨 비현실주의적 전위예술 혹은 사이비 종교 추종자의 뇌까림 같기도 한 말들이지만, 듣는 이에 따라서는 이러한 주장이 진실로 여겨져 뇌리에 쏙쏙 박히나 보다. 끊임없는 반복교육의 효과나 영적靈的 역사이기도 할 것이다.

과연 지난 5월 말부터 우리 사회에서는 반값 등록금 촛불시위가 등장했다. 2005년 출범한 한국대학생연합한대련 등 새내기 운동권 조직이 앞장서는 모양새였고 민노당 등 야당이 이에 적극 가담하고 지원했다. 지난 미친 광우병 시위에 앞장섰던 법무부 장관 출신의 모 야당 의원은 '반값 등록금 실현이 6월 민주항쟁의 정신'이라고 주장하기도 했고, 시위장에는 3년 전과 같이 이명박 대통령의 대국민사과 혹은 정권퇴진, 한나라당 타도 등의 구호가 터져 나왔다.

물론 대학생들과 '票풀리즘' 정치인들의 반값 등록금 요구에 진정성이 전혀 없는 것은 아닐 것이다. 취업과 실업문제의 심각성이 워낙 크고 폭넓은 복지정책의 필요성에 대한 진정한 논의가 필요한 것이 사실이다.

하지만 주목할 만한 것은 현재 우리 사회에서 작용하는 정치사회적 역학구도이다. 북한의 김정일 정권의 운명과 마찬가지로 대한민국 정부와 한나라당이 망하면 살고 흥하면 죽는 세력이 일정한 질서와 구도 속에 존재한다는 사실이다.

그 단순한 예가 이번 반값 등록금 문제다. 당장 조건 없는 반값 등록금을 요구하는 정치세력은 좋든 싫든 북한 정권과 공조하며 한배를 타게 된 모양새가 됐고, 반값 등록금의 비현실성과 장기적 부작용을 우려하는 이들은 북한의 욕설을 바가지로 들어야 하는 입장에 서게 됐다.

물론 여기에는 훨씬 복잡한 정치사회 현상적 설명이 필요하겠지만, 어찌됐든 등록금 문제에 대한 각 진영의 입장은 좀 더 명확해질 것 같다.

2011.6.24.

北-中 사이버테러와 '내 안의 김정일'

우리 국민에 대한 북한 정권의 무차별 살인 행위가 몇년새 연이어 벌어지더니 지난 3일에는 농협이 해킹당해 관련금융업무가 전국적으로 마비되는 초유의 사이버테러가 발생했다.

금강산 관광객 피격사건, 천안함 폭침사건, 연평도 포격사건 등 일련의 전시戰時적 상황을 거치면서 놀랍게도 면역이 되고 둔감해지기도 했지만, 이번 농협 전산망 공격사건은 생각할수록 분하고 원통한 면이 있다. 김정일 정권에 의해 국민 수백만 명의 은행계좌가 피해를 당하게 됐음에도 불구하고 우리 사회는 마치 아무 일도 없었다는 듯 이 일을 지나치고 있다는 사실 때문이다.

이번 농협사태가 북한 정찰총국의 소행이라는 검찰과 국정원의 발표가 있었지만 대부분 정부 당국자들과 정치인들 그리고 언론들은 이 일에 관심을 기울이지 않고 있다. 이에 대다수 국민들은 북한이 관여한 사이버테러를 우리 정부가 내뱉은 엄살 정도로 받아들이고 있는 것 같다. 오죽하면 좌파진영에서 자작극 주장 등 천안함 때와 같은 황당하고 다급한 음모론조차 나오지 않고 있다.

정부는 이번 사태에 대해 도무지 관심이 없는 듯하다. 관계자들에게 물으면 대부분 '우리도 잘 모르겠다'고 한다. '(북한 소행이) 아니면 말고'라는 식이다. 정치인들도 무슨 중차대한 당내 정치투쟁 때문인지 이번 국가적 사안에 대해 거의 언급이 없다.

국가의 금융시스템이 적국敵國에 의해 공격을 받았는데 정부와 사회가 이처럼 무덤덤한 기막힌 현실. 이 '비현실적' 상황을 어떻게 받아들여야 할까. 도대체 무엇이 어디서부터 어떻게 잘못된 것일까.

이미 레임덕에 들어선 이명박 대통령에게 모든 비난의 화살을 돌리는 것은 편리한 일이 될 테지만 그나마 남북정상회담의 정치적 유혹을 억제하며 천안함 연평도 사건에 대한 사과를 대화의 전제로 요구하고 있는 것은 현 정부의 업적으로 인정해야 할 것이다.

결국 문제는 '나'로부터 시작하는 우리 사회 구성원 전체의 책임의식과 국가의식의 결여가 아닐까. 국가 지도자와 여야 정치인들의 무원칙과 약삭빠름도 국민과 사회의 수준을 정확히 반영

할 것이다. 그리고 우리 모두의 내면에도 어쩌면 현재 많은 한반도 문제의 근원인 북한 김정일의 모습이 조금씩 존재하고 있을지 모른다.

그리고 이번에 북한의 사이버테러 문제를 들여다보면서 또 하나 중요한 사실과 맞닥뜨리게 됐다. 북한의 사이버전 배후에 중국이 있다는 것과 이른바 北-中 사이버군사동맹이 가동되고 있다는 사실이다. 중국이 북한의 핵을 방치하고 있을 뿐 아니라 사실상 핵개발을 지원해 왔다는 정황과도 일맥상통하는 면이 있다.

중국에는 100만 명에 달하는 민간 해커들 뿐 아니라 250개 부대에 5만 명의 사이버정규군NetForce이 양성되고 있으며 이들이 최소 1천명, 많게는 3만 명에 달하는 북한의 사이버전 인력을 지원하고 있는 것으로 알려졌다. 2009년 7월과 금년 3월 한국과 미국의 주요 인터넷 홈페이지를 대상으로 디도스 공격을 펼친 것도 이들이며, 이들의 궁극적 목표는 유사시 주한미군의 전산망을 차단하는 것으로 밝혀져 경종을 울리고 있다.

결국 우리 사회의 진정한 개혁과 한반도 문제의 해결은 우리 스스로의 각성과 변화와 행동으로써 시작될 것이다.

2011.6.7.

정 의

3장
불의한 사회
- 아, 북한인권

멈춰진 '북한인권 시계'가 다시 움직일 때

대북특사단의 평양방문과 김정은 면담 장면은 그로테스크한 영화의 한 장면처럼 다가온다.

거구의 독재자 김정은과 그의 가냘픈 여동생이 과거의 어느 세트장 안에서 희한한 헤어스타일과 과장된 — 혹은 수줍은 척 — 웃음으로 손님들을 맞이하고 있고 21세기 미래에서 온 대한민국의 최고위 공직자들이 그곳으로 빨려 들어가 장면의 배경이 된다. 그 안에선 등장인물의 모든 대화와 몸짓, 화면의 화질조차도 독재자의 그것과 싱크sync 된다.

문화나 경제적 차이를 얘기하고 있거나 남북회담 자체를 폄하하는 게 아니다. 세계에서 일곱 번째로 3050클럽 국민소득 3만 달러·인구 5000만 가입을 코앞에 둔 경제·자유·인권 선진국 대한민국이 자유와 인권과 소통이 완전히 박탈된 채 먼 과거에 머물고 있는 북한을 아무런 거부감 없이 받아들이고 동화되고 있는 현상이 기이한 것이다.

왜 다시 북한인권인가? 북한인권은 한반도 문제의 핵심이자 숨겨진 뇌관이다. 트럼프 행정부가 최근 북한인권 문제를 주요 안건으로 들고 나오는 건 북한 문제의 본질을 제대로 짚은 것이다.

북한의 핵과 미사일 개발은 비정상적이고 반인륜적인 북한체제에 기인한다. 김정은이 핵을 포기할 수 없는 이유는 그것이 체제 유지 문제와 직결해있기 때문이다.

한국사회에서 북한인권의 시계는 멈춰져 있다. 굳이 들여다보면 고장난 시각은 1987년 즈음. 87체제가 반공을 국시로 하던 군사 정권을 단죄하고 탄생하면서 이에 대한 부작용과 반작용으로 북한체제에 면죄부를 준 면이 있다.

당시 '민주화' 대열의 전면에 섰고 지금은 각계 각처의 주인공이 된 주사파 운동권 출신들에게 북한은 여전히 성역으로 남아있고 그들의 인식은 여전히 80년대에 머물러 있다. 북한인권 문제가 불거지면 그들은 자동적으로 눈을 돌린다.

작년 12월 유엔은 북한인권결의안을 13년 연속으로 통과시켰고 미국 의회는 북한인권법을 압도적 표결로 2022년까지 재연기했다. 한편 우리는 2016년 3월 우여곡절 끝에 국회에서 통과시킨 북한인권법을 사문화시키고 있다.

법안 실행을 위한 부처간 협의체인 북한인권정책협의회는 새 정부 출범 이후 한 차례도 열리지 않았고 북한인권 증진 연구의 기치로 세워진 북한인권재단은 작년 118억의 예산을 배정받고도 불용했다. 올해도 108억 원의 예산이 그대로 방치되고 있다.

멈춰진 북한인권 시계를 어떻게 다시 움직일 수 있을까. '인권'이란 용어가 거창하다면 자유 혹은 상식이라고 부르자. 편견 없이 세상을 똑바로 바라볼 줄 아는 2030이 희망이 될 수 있다. 처참한 북한인권의 현실, 인류 보편적 상식과 정의의 문제에 이들이 눈을 뜰 때 에너지가 폭발할 것이고 수백만 촛불이 밝혀질 것이며 막혀 있던 미래의 통로가 열리게 될 것이다.

'미투'운동이 열풍이다. 그런데 한국에 입국한 3만여 탈북민들이 한목소리로 증언하듯 지금도 중국에서는 수만여 명의 탈북민 여성들이 인신매매로 팔려가며 울부짖고 있다.

멈춰진 한반도의 과거와 미래를 연결할 뇌관은 북한의 자유와 인권, 상식의 회복이다. 한미 정부는 대북 대화를 확대해 나갈 때 북한인권 문제를 의제에 올려야 한다.

2018.3.14.

'게임 체인저' 북한인권, 왜?

　태영호 전 북한 공사는 조국 법무부 장관 후보자 사태에 대해 흥미로운 얘기를 했다. "불법 여부는 잘 모르겠고 한국사회 구조의 허점을 몰라 그것을 조국처럼 활용하지 못한 국민들만 바보가 됐다"는 것이다.
　태 공사의 지적을 통해 조국 류類의 옛 사회주의 혁명가들의 사고방식이 조금은 이해됐다. 대한민국은 '천박한 자본주의' 사회이니 그 시스템에서 혁명가들이 잠시 사익을 획득하는 것은 목적이 수단을 정당케 하는 마르크스의 유물론적 관점에서 볼 때 도덕적으로 무관하며 어차피 민중이란 그들에게 주인이 아니라 낭만적 혁명의 수단에 불과했던 것이다.
　현대 경영학의 창시자 피터 드러커는 그의 저서 <경제인의 종말 : 전체주의의 기원>에서 고대로부터 현대에 이르기까지 사람들은 지배받는 것을 싫어하고 자유롭고 평등한 존재로서 대접받기 원했다고 강조했다. 그렇기에 고대 군주들도 백성들에게 자유와 평등을 약속했고 그 약속이 깨질 때 사람들은 자유를 얻기 위해 저항해 왔다는 것이다.

20세기 구질서는 무너지고 새질서는 보이지 않는 불안한 유럽의 상황에서 독일 국민들은 더이상 개인의 자유에 대한 확신을 가질 수 없었기에 평등을 위해 기꺼이 나치에 자유를 반납했다는 것이 드러커의 결론이었다.

21세기 전 세계에서 유일하게 완벽한 전체주의 체제를 유지하고 있는 북한은 평등을 구실로 자유가 반납된 사회다. 하지만 역사는 자유를 버리고 평등을 추구한 체제는 자유도 평등도 모두 잃는 상황에 처한다는 점을 보여준다. 지배 권력이 폭력과 강압으로 통치하기 때문이다.

현재 한반도에서 가장 기이한 현상 중 하나는 평등과 인권, 민주화를 그토록 강조해온 우리 사회내 이른바 진보세력이 북한 내부의 문제에 대해서는 철저히 눈을 감고 있는 사실이다. '눈이 있어도 보지 못하고 귀가 있어도 듣지 못하는' 기적 같은 현상이 수십년째 이어지고 있는 것이다.

수백만이 굶어죽고 수십만이 정치범 수용소에 갇혀 있으며 매년 유엔에서 북한인권결의안이 통과되고 미국과 일본 의회에서

불의한 사회 **145**

북한인권법이 실행되고 있지만 우리 국민은 여기에 무관심하며 3년전 국회에서 뒤늦게 통과된 북한인권법 마저 사문화 되고 있다.

북한 김정은 정권은 자신들의 실패 원인을 외부의 적 때문으로 돌려왔다. 그들을 말살하려는 미국을 내치고 남한을 압도하기 위해 핵무기를 개발해야 한다는 논리를 펼쳐왔기에 핵을 포기하면 북한체제는 안보적으로나 논리적 모순에 의해 붕괴된다. 북한 비핵화가 협상으로 타결될 일은 애당초 만무했던 것이다.

북한인권은 비핵화 한반도의 판세를 바꿀 '게임 체인저'가 될 수 있다. 북한인권은 북핵 문제 해결의 전제이자 결과이다. 북한을 변화시키는 카드는 역설적으로 북한체제가 갖는 정당성의 이유, '모든 인민이 복되고 평등한 체제'의 이행을 도와주는 것 곧 인류 보편의 가치인 인권을 회복하는 것이 된다.

'인간은 수단이 아니라 목적'이라는 보편율에 북한 주민들과 북한 엘리트들이 눈을 뜨면 북한의 우상숭배 독재체제는 더 이상 유지될수 없을 것이다. 그리고 북한인권 문제에 닫혔던 우리의 눈과 귀가 열리는 날 북한과 한반도에는 진정한 변화와 자유통일의 문이 열리고 우리 사회내 전체주의 혁명세력은 자취를 감추게 될 것이다.

2019.8.28.

북한인권법, 물타기 말라

　지난 연말 한 모임에서 북한을 자주 방문하는 재미교포 종교인과 우연히 같은 테이블에 앉았다. 장성택 즉결처형 직후라 북한의 인권 문제가 자연스럽게 테이블에 올라왔다.
　북한 전문가라는 그는 이렇게 말했다. "북한에서 공개처형은 그렇게 특별하지 않습니다. 그냥 그런가보다 하죠. 북한의 인권 문제는 그들의 시각에서 바라봐야 합니다." 이어 그는 한국사회의 모순과 미국의 한반도 분단 책임에 대해 장황하게 늘어놓기 시작했다.
　북한 주민들이 개돼지인가? 자유와 정당한 법적 절차 등 우리 모두가 누리고 있는 인류의 보편적 가치를 모르고 짐승처럼 살아도 그냥 그뿐이란 말인가? 위선적인 종교인과의 대화가 불쾌했지만 사실 그 같은 태도나 인식이 우리 사회에서는 그리 낯선 것도 아니다.

최근 민주당이 근 10년간 외면해온 북한인권 문제에 대해 전향적인 입장을 밝혀 주목되고 있다. 김한길 민주당 대표가 13일 신년연설에서 북한인권 문제에 대해 언급한 것이다. '신新 햇볕정책'이라는 오묘한 말도 당 안팎에서 나오고 있다. 민주당은 2월 임시국회에서 그동안 논의조차 반대해온 북한인권법을 테이블에 올려놓을 것으로 예상된다.

하지만 야당 의원들이 입에 올리는 '북한인권'은 국제사회에서 통용되는 내용과 사뭇 다르다. 민주당 의원들이 발의해 현재 국회 외교통일위에 계류중인 관련 법안은 '북한주민 인권증진법안'심재권, '북한민생인권법안'윤후덕, '북한 영유아지원에 관한 법률안'정청래, '북한주민 모자보건 지원에 관한 법률안'심재권, '북한 주민에 대한 인도적 지원에 관한 특례법안'인재근 등 총 5건이다.

그 내용을 들여다보면 북한 주민들의 인권 증진에 초점이 맞춰져 있는 것이 아니라 사실상 또 다른 '퍼주기' 법안이라 할 만하다. 국군포로, 납북자, 이산가족 문제 등을 거론하기는 하지만 초점은 북한에 대한 식량, 비료, 의약품 지원 등의 업무에 맞춰져 있다.

한편 2005년 이후 새누리당한나라당의 윤상현, 황진하, 이인제, 조명철, 심윤조 의원 등이 대표발의한 북한인권법은 유엔과 EU, 미국, 일본 등이 2003년 이후 통과 시켜온 북한인권법안이나 북한인권결의안과 그 취지가 유사하다. 통일부 산하 북한인권 자문위원회 설치, 외교부 북한인권대사 임명, 북한인권재단과 북한인권기록보존소 설립 등이 골자로 돼 있다.

지난 16일 66개의 북한인권 관련단체들이 모여 '올바른 북한인권법을 위한 시민모임'을 결성했다. 민주당이 정체불명의 '북한인권민생법안'을 통과하겠다고 하고 새누리당이 자칫 이런 민주당의 법안과 타협, 수용할 수 있다는 데 대한 우려가 이들을 긴급히 한자리에 모이게 한 것이다.

종북 논란과 장성택의 처형으로 국내외 비난이 일자 그동안 철저히 외면하던 '북한인권법'에 동조하는 처하면서 사실상 북한 정권을 지원하는 대북지원법안을 처리하려는 야당과, 자칫 여야합의라는 미명하에 10여년간 북한인권 활동가들이 피땀 흘리며 그 통과를 위해 노력해온 북한인권법에 물타기를 하여 사실상 무산시키려는 여당 의원이 있다면 그 책임을 면치 못할 것이다. 정체불명의 면피용 북한인권법이라면 차라리 통과되지 않는 편이 낫다.

이미 많이 늦어버린 북한인권법은 북한의 형제들에 대한 우리 국민의 사랑과 관심을 보여주는 최소한의 제스처이며 통일 준비의 첫걸음이다.

2014.1.27.

탈북여성 긴급 구출 작전

지난 3월 초 긴급한 전화가 걸려왔다. 중국에서 탈북여성이 인신매매돼 감금돼 있으니 구해달라는 요청이었다. 사실 작금의 현실에서 보면 새삼스러운 일도 아니었다. 한국에 살고 있는 2만5천여 명의 탈북민(2012년 현재) 중 70% 이상이 여성이고, 이들 탈북여성 중 대다수가 중국에서 인신매매된 경험이 있다는 것은 공공연한 사실이다.

그럼에도 탈북여성들의 생명과 인권은 천성산의 도롱뇽이나 과천동물원의 돌고래보다도 주목받지 못하고 있는 것이 현재 우리 사회의 왜곡되고 마비된 상식과 양심의 현주소인 것이다.

통일·인권단체인 세이브엔케이Save North Korea는 3월 중순 중국 농촌마을에 활동가를 급파하여 한족남성들에 팔려가 감금돼 있던 탈북여성 3명을 긴급구출하였다. 군사작전을 방불케 하는 10여

일간의 치밀하고 긴박한 사전계획과 현지활동을 펼쳤고, 이를 통해 구출된 '영혼'은 5000~2만 위안(약 90만~360만 원)에 중국농가에 팔려갔던 20~40대의 동포여성들이었다. 모두 한밤중 속옷바람으로 뛰쳐나올정도로 급박한 처지에 있었고, 임신 3개월째였던 20대 여성은 뱃속의 아이를 원망하여 날마나 자신의 배를 주먹으로 때리며 울었다.

현지에서 붙잡은 남녀 인신매매범에 따르면 그들이 팔아넘긴 여성들만 100명이 넘고 자신들과 같은 '브로커'들이 중국 내 수백 명이 된다고 한다. 단순한 계산으로도 중국 각지에 짐승처럼(브로커들은 거래여성들을 실제 '돼지'로 지칭했다) 팔려가 살고 있는 탈북여성들이 수천 수만 명에 이르는 것으로 추산된다.

우리 사회에서 탈북민들을 위한 관심이 꾸준히 확산되고 있다. 1999년부터 2001년까지 만 2년간 세이브엔케이톱탈북난민보호운동본부가 국내외서 받아낸 1180만 명의 유엔청원 서명은 탈북동포들의 생명과 인권에 대한 우리 국민의 최소한의 관심과 양심의 표명이자, 나아가 북한의 폭정 종식과 남북통일을 염원하는 상식과 정의의 거대한 불꽃의 점화였다.

이제 우리는 탈북민들의 국제법적 난민지위 부여와 중국의 강제북송 중단 요구와 함께, 10여년전 주창한 탈북난민캠프 건설 운동을 다시 새롭게 펼쳐나가고자 한다. 유엔이 중국 국경지역이

나 몽골 러시아 등에 합법적인 탈북난민캠프를 건립하여 탈북민들을 북송하는 대신 보호하여 그들이 소원하는 제3국으로 보내도록 하는 방안이다.

파키스탄 국경지대에 설립된 아프칸 난민캠프나 태국 연안의 라오스 난민캠프 등이 그 모델이 될 수 있으며 독일교회나 기타 NGO들이 이들 난민촌을 지원하였던 것처럼 한국교회와 시민사회가 우리 정부와 함께 재정지원에 나설 수 있을 것이다.

혹자는 중국이 반대하여 현실성이 없을 것이라고 한다. 그러나 그러한 주장은 13년전 탈북난민보호 1천만 명 서명을 시작할 때에도 있었고 통일불가론은 독일통일 바로 직전까지도 횡행했었다. 공분과 정의와 비전이 없는 나라는 반드시 쇠퇴한다. 용기와 비전의 지도자가 그립다.

2012.4.11.

탈북민 문제, 봄은 오는가

10여 년 만에 봄이 오는가. 탈북민들의 인권 문제 얘기다.

그동안 북한을 떠나 해외를 떠도는 탈북민들은 인권의 사각지대에서 살아왔다. 체포와 북송의 끊임없는 공포 속에서 노예와 짐승같이 인신매매에 팔려다니는 그들의 실제 삶뿐만이 아니다. 탈북민 인권 문제는 그 자체만으로도 우리 사회에서 어두움의 영역에 속해왔다. 외면과 냉대를 받으며 누구나 쉬쉬하는 문제였다. 정부와 정치권, 방송, 언론들은 이 문제에 소극적이었고 다루더라도 비주류, 마이너 이슈로 취급해왔다.

1999년 (사)세이브엔케이 Save North Korea, 舊 탈북난민보호운동본부가 탈북민들을 국제법적 난민으로 인정하고 중국의 강제북송을 중지하라는 유엔청원 서명운동을 펼칠 때만 해도 그 정도는 아니었다. 우리 국민 4,5명 중 1명에 해당하는 1180만 명이 서명운동에 동참

불의한 사회 153

한 것은 '환난' 중에 있는 수만, 수십만 탈북민들에 대한 우리의 최소한의 관심과 양심, 인간애의 표명이었다.

A4용지 50만장, 100만 페이지에 달하는 1180만 명의 서명지는 그 일부가 뉴욕 유엔본부에 전달됐고, 전 분량은 9개의 DVD에 담겨 워싱턴 상하의원실과 의회도서관, 제네바 유엔난민고등판무관실, 스트라스부르그 유럽의회 등 국제 관계기관과 주요 인사들에게 전달돼 우리의 뜻을 전세계에 알렸다.

이러한 국민적 관심과 염원이 급격히 식고 어느덧 어두움 속에서 잊혀지게 된 것은 아이러니하게도 '햇볕' 정책 때문이었다. 2000년 남북정상회담 이후 대대적 대북지원이 시작되면서 북한 정권의 심기를 건드리는 모든 일은 '반통일' '반평화' '반정부' 활동으로 취급되기 시작했고, 탈북민을 사지死地에서 구출하는 일이 브로커들의 돈장사로 매도되는 황당한 일이 벌어지기도 했다. 북한·탈북민 인권활동이 격려와 관심의 대상이 아니라 냉대와 멸시와 왕따를 각오해야 하는 비주류 운동이 되기 시작한 것이다.

최근 중국에 억류 중인 탈북민 문제에 대해 대통령과 장관, 여당 대표, 유명 연예인들이 나서 해결을 촉구하고, 그동안 끈질기게 이 문제를 외면해온 야당 의원들까지 한목소리로 중국 정부에 대해 북송중지를 요구하고 나선 것은 대단히 고무적인 일이다. 늦었지만 지금부터라도 생명의 문제인 동시에 통일의 문을 여는 열쇠가 될 수 있는 탈북민 문제를 확실히 해결해나가야 한다.

최근 강용석 무소속 의원이 박원순 서울시장의 아들 주신 씨의 병역비리 의혹을 제기했다가 사실이 아닌 것으로 밝혀져 의원직을 사퇴한 사건은 네거티브 정치의 폐해 사례였다. '쎈놈 때리기'를 통한 재선을 목표로 네거티브 전략에 올인했던 강 전 의원의 목적과 방법상의 문제가 드러난 것이다.

그럼에도 불구하고 한가지 확인할 수 있었던 것은 이념적으로 경도됐던 우리 사회에서 무엇인가 '새로운 것'을 갈망하는 폭발하는 젊은 에너지였다. 꼬인 게 없이 당당한 젊은이들은 쭈볏거리며 국민들과 주변국의 눈치나 보는 과거 정치인들에 신물이 나 있고 신념과 확신에 차 있는 리더십을 갈구하고 있다는 사실이다.

그 확신이 입신양명立身揚名을 위해서가 아니라 인권과 생명, 나아가 통일이라는 국가적 비전을 위해서일 때 국민들은 환호하며 기꺼이 힘을 모을 것이다. 이번에 정치 지도자들이 탈북민 문제를 공론화하자 10여년간 꽁꽁 얼었던 무관심과 외면의 겨울에 봄바람이 불게 된 것처럼 말이다.

2012.3.2.

4장
정의는 어느 편일까

역대 비리 사건들과 대장동 게이트

 우리 사회에는 어느 정권에서나 권력형 비리라 불리는 게이트가 늘 있어왔다. 전두환 정부 시절에 있었던 장영자-이철희 어음사기 사건은 당시 '단군 이래 최대 비리'라는 수식어가 붙었고 김대중 정부에서는 진승현 게이트가 있었다.
 노무현 전 대통령은 퇴임 이후 자신의 후견인 역할을 하던 박연차 게이트가 터지면서 권양숙 여사를 비롯한 가족까지 검찰수사를 받는 등 고통을 겪어야만 했고 이명박 정부에서는 이른바 영포 게이트가 불거졌으며 박근혜 정부에서는 이른바 최순실 국정농단 사건이 벌어져 사상 초유의 대통령 탄핵이 이뤄졌다.
 문재인 정부에서는 태양광 게이트와 탈핵 관련 게이트가 있었으나 아직 전모가 드러나지 않고 있고 권력층으로부터 비호를 받았다는 옵티머스 펀드 등은 수사가 중단됐다.

이러한 권력형 게이트들은 모두 집권세력 권력층의 비호 속에서 이뤄진다는 특징이 있는데 예외가 있었으니 다름아닌 대장동게이트다. 대장동게이트는 이재명 후보의 성남시장 재임시에 발생한 사건이다. 이 사건이 특이한 점은 화천대유라는 민간 시행자금관리회사에 대한민국의 정관계, 재계, 법조계, 언론계 가운데 최상층 엘리트 그룹의 인사들이 여야를 막론하고 관련되어 있다는 사실이다.

그런 점에서 대장동게이트는 우리 사회 기득권층의 구조적인 비리라는 성격을 갖는다. 대장동 특검이 정권교체와 관계없이 피해갈 수 없는 이유다. 그런 점에서 대장동 특검이 우리 사회 전반에 불러올 충격은 만만치 않다.

여론이 이미 그러한 점을 예고하고 있다. 지난 해 각종 여론조사에서 대장동 특검은 국민 10명 가운데 7명이 찬성하는 지지율을 보였다. 특히 공정을 요구하는 20대와 30대 층의 대장동 특검 요구는 특별했다. 심지어 호남에서도 대장동 특검은 각 여론조사에서 40%를 넘어서기도 했다.

대장동게이트를 특검해야 하는 이유는 명확하다. 도시개발법에 의하면 당초 도시개발시행은 개발 지정권자인 성남시 아니면 성남도시개발공사가 맡는 것이 원칙이었다. 그렇게 했다면 개발에 따른 이익 1조2000억 원 가량은 고스란히 성남시민에게 돌아왔을 것인데 성남시는 성남도시개발공사가 일부 출자한 법인 '성남의뜰'을 급조하여 사업시행자로 내세웠고 이런 구조 속에 민간업자들이 들어올 공간이 생겼다.

그렇다면 누가 왜 그러한 설계를 했느냐가 문제가 된다. 관심을 가져야 할 부분은 이재명 후보의 경기지사 재임 시절 측근들이 장악한 경기도시공사의 주도하에 공공개발을 내세운 경기도의 신도시 개발 사업들에 석연치 않은 점들이 많다는 것이다. 대장동 특검이 이러한 의혹을 가진 경기도내 공공개발 사업들에 대한 전수조사를 포함하는 것이 되어야 하는 이유다.

2022.2.17.

'국민의 저녁을 빼앗는' 주52시간 근로제

한미 방위비 분담 협상과 지소미아 문제로 안보위기가 고조되는 가운데 경제는 하루가 멀게 싸늘하게 식어가고 있다. 문재인 정부가 소득주도성장을 자화자찬하는 중에도 우리 경제는 마이너스 성장을 눈앞에 두고 있다는 절망적 분석이 나오고 있다. 늘었다는 고용은 푼돈벌이 임시직들이 대부분이며 양질의 일자리는 감소하고 있다.

이러한 가운데 문재인 정부는 '주52시간 근무'의 강제적 노동정책을 추진하고 있다. 명분은 '저녁이 있는 삶'을 보장하겠다는 것이고 OECD 국가들 가운데 유난히 높은 노동시간을 줄이겠다는 것이지만 지난 해 7월 시작된 이 정책으로 정작 산업 현장은 얼어붙고 있는 것이 아닌가.

300인 이상을 고용하는 대기업에 적용하고 위반하면 처벌한다고 해왔지만 주52시간 근로제를 지키지 못하는 300인 이상의 기업은 24%에 달했고 결국 문재인 정부는 이들을 처벌하지 못하고 계도로 유예해 왔다. 그러다 2020년 1월부터 300인 이하의 중소기업에도 주52시간을 적용키로 했고 반발이 거세자 시행 한 달을 앞두고 또다시 유예 결정을 내렸다.

김상조 청와대 정책실장은 재계 인사들을 만난 비공개 회담에서 '문제가 심각하니 보완입법에 협조해 달라'고 부탁했다고 한다. 국회에 말하지 못하고 재계에 보완입법을 요청한 것을 보면 여당조차 주52시간 근로규제의 심각한 부작용을 알고 있으며 이를 보완한다는 탄력근로제는 노조가 강력히 반대하기에 답이 없는 것이다.

문재인 정부의 노동정책은 '자본은 노동을 착취한다'는 사회주의적 경제이념에 기인한 것으로 보인다. 하지만 독일과 영국, 프랑스 같은 나라의 근로자들이 우리보다 더 적게 일하고도 더 많은 임금을 받는 이유는 무엇보다 근로자들의 생산성이 높기 때문이고 우리보다 더 효율적인 생산 장비를 사용하기 때문이라는 것이 주류 경제학의 분석이다.

따라서 오랜 노동시간을 줄이려면 기업들의 자본투자가 높아져야 한다. 이 기초적 원리를 문재인 정부는 이념에 빠져 놓치고 있는 것이 아닌가. 노동시간을 줄이면 생산성이 늘어난다는 주장은 검증되지 않은 사이비 경제론이거나 희망 사항에 불과하다.

근로는 가계소득의 원천이다. 일하고 싶은 이들은 얼마든지 일할 수 있게 하고 격려하는 정책이 가계를 풍요롭게 만든다. 문재인 정부는 중소기업들을 지원하고 보호하다가 이들의 규모가 커지면 수백개의 규제로 묶으려 하는 것이 아닌가.

그러니 중소기업들은 할 수 있어도 투자하고 고용을 늘릴 생각을 하지 않는다. 사업을 키워봐야 규제만 더해지는데다 심지어 노동법 위반으로 형사처벌을 받고 전과자가 될 수 있는 한국에서 왜 기업을 키우려 하겠는가. 해외 엑소더스가 저절로 생각나지 않겠는가.

문재인 정부의 주52시간 규제는 이러지도 저러지도 못하는 애물단지가 되어 우리 생산 현장과 기업들의 심장을 점점 더 조여가고 있다. 정부는 이제라도 잘못된 정책을 과감히 버리고 '자기편'이 아닌 대한민국 전체를 위해 국가 정책을 대전환하기를 바란다.

2019.11.27.

공수처와 검찰개혁, 정의는 어느쪽 편일까

파스칼이 '팡세'에서 거론한 바 "피레네 산맥 이쪽의 정의正義는 산맥 저쪽에서는 불의不義"라고 한 명제는 두고두고 우리를 방황케 한다. 무엇이 정의인지에 대해서는 법학자나 법조인들 사이에서도 많은 논쟁이 존재해 왔다. 정의가 곧 법이 아니고 법이 곧 정의도 아니다.

문재인 정부가 사활을 걸고 추진하고 있는 공수처법은 그들이 말하는 정의justice에 대한 의지로 이해된다. 하지만 그러한 정의도 세우려는 자가 누구인가에 따라 권위가 결정된다. 권위를 잃은 정의에는 복종하기 어렵다.

그런 점에서 조국 전 법무부 장관이 과연 정의를 세울 만한 자격이 있느냐는 질문이 있었고 그것으로 국민은 '두 쪽으로'(사실 대다수는 反조국 편으로) 갈라졌다. 그 책임은 온전히 문재인 대통령이 져야 할 것이었지만 대통령의 사과는 형식적 치레로 끝났다.

'조국 이후' 우리에게 던져진 것이 공수처와 검찰개혁의 문제다. 공수처와 검찰개혁 사이에는 과연 어떤 연관관계가 존재할까. 법학자 장영수 교수와 검사장 출신 정점식 의원은 공수처에 대해 '대통령이 찬 칼'이라고 말한다.

검찰에 대해서는 수사권과 공소권을 분리해서 권리남용을 방지해야 한다는 검찰개혁의 원칙이 대통령 직속의 공수처에 대해서는 수사권과 기소권 모두를 부여해야 한다고 바뀌는 여권의 발상을 어떻게 받아들여야 할지 당황스럽다.

적어도 검찰개혁의 수사-공소 분리가 정답이라면 공수처 역시 그래야 하는 것이 일관된 정칙正則이다. 그럼에도 불구하고 대통령의 직속이라는 공수처에 그런 정칙을 무시하겠다는 발상이 결국 '공수처=게슈타포'라는 비판을 정당화 시킨다.

더구나 공수처가 위헌적이라는 점이 법무부에서도 지적됐다. 공수처와 같은 사법기구는 헌법에 의해 명시되어야 하고 그런 사법기구는 행정부 소속 하에 두어서 국회의 감시와 견제를 받게 해야 하는 것이 헌법의 삼권분립 정신에 맞는다는 것이다. 그럼에도 문재인 정권이 주장하는 공수처는 행정부 소속이 아니라 대통령 직속이라는 점에서 결국 감독의 책임이 대통령에게 있다는 말이 된다.

공화제에서 대통령은 국가의 원수이자 대내적으로 주권의 최고 위임결정자이다. 그렇기에 대통령의 권리남용은 임기중 형사상 소추의 대상이 되지 않으며 결국 대통령이 공수처를 통해 행사할 수 있는 권리남용은 탄핵이 아니라면 정권이 교체된 후에나 그 소추가 가능하게 된다. 제왕적 대통령제가 문제라던 여당은 적어도 공수처에 대해서만큼은 제왕적 대통령의 권한을 더욱 강화하려 드는 극명한 모순을 보이고 있다.

검찰개혁 등 모든 개혁의 방향은 대통령의 권한 강화가 아니라 국민 권리의 강화로 개념이 바뀌어야 한다. 국민에게 이익이 되는 검찰개혁과 공수처만이 정의로운 사법기구로서 정당성이 존재한다. 문재인 정부가 추진하는 공수처는 그들이 구호로 내세우는 검찰개혁과 아무런 관계를 찾을 수 없다.

정의는 옳음과 함께 결과의 좋음도 보장되어야 한다. 공수처는 결과의 예후가 매우 불량한 기구다. 윤석열 검찰총장의 선택은 어느쪽일까.

2019.10.30.

한번도 경험해 보지 않은 나라

    문재인 대통령은 취임사에서 "(대한민국을) 한 번도 경험해 보지 않은 나라로 만들겠다"고 선언했다. 구체적으로 그것이 어떤 나라인지는 확실치 않지만 적어도 그 방향과 과정이 유사한 나라가 바로 베네수엘라가 될 수 있다는 평가가 나오고 있다.

    문재인 정부에서 국정과제로 진행되고 있는 많은 일들은 차베스 집권 이후 베네수엘라에서 벌어진 숱한 사건들과 데자뷰 된다. 차베스는 권력의 견제와 균형, 소수와 개인의 권리 보장보다 이른바 인민다수의 지배에 더 많은 가치를 두었다. 빈곤층 대중의 지지를 기반으로 급진적 사회변혁을 추구하면서 부유층을 적으로 돌리고 공격했다. 그는 자신의 정적들을 악으로 규정하고 자신의 편을 규합하면서 이를 바탕으로 '합법적' 선거와 법률개정을 통해 절대 권력을 강화해 갔다.

이러한 행태는 문재인을 지지하는 그룹들이 보수진영에 대해 '적폐'니 '토착왜구'라고 낙인찍거나 검찰개혁이라는 명분을 앞세워 진영논리에 의해 '조국 구하기'에 나서고 있는 상황과도 유사하지 않은가. 민주당의 싱크탱크인 민주연구원은 '한국당을 친일과 연계하는 전략의 유효성'에 관한 보고서를 당내 의원들에게 회람한 사실이 드러나기도 했다.

차베스는 취임 이후 4700여 명의 판사와 직원 중 절반가량을 부패혐의 등으로 조사해 숙청하는 방식으로 사법부를 장악했다. 문재인 정부가 선진국에는 없는 대통령 직속 '공수처'를 신설해 판·검사들의 비리를 파헤치겠다고 하고 검찰권력의 약화와 경찰의 '손자화'를 통해 감찰정국을 만들겠다는 발상을 연상케 한다.

차베스는 선거제도와 입법부도 자신의 입맛에 따라 재단해 장악했다. 그는 당선 이듬해인 1999년 여소야대를 극복하기 위해 국민투표를 실시해 제헌의회를 절대다수의 친정체제로 만들었고 야당이 보이콧한 2005년 총선에서는 연동형 비례대표제를 도입해 압승했다. 이러한 공식은 이후 마두로 정권에서도 유사하게 반복돼 헌법기관으로 격상시킨 선관위에 자신의 측근을 앉히고 이를 통해 대통령 국민소환 투표를 중지해버렸다.

차베스는 언론통제에도 심혈을 기울였다. '라디오와 TV의 사회적 책임에 관한 법률^{RESORTE}'을 통과시켰고 인터넷과 소셜미디어에 대한 통제를 추가했으며 언론의 사회 책임론을 법률에 적시하고 정부의 미디어 검열지시 조항을 두었다. 경제정책에 있어 재원대책 없는 복지정책과 경제성장률 폭락 등 모든 경제지표의 퇴행은 문재인 정부와 닮은꼴이다.

  이러한 차베스의 베네수엘라는 오늘날 문재인 대통령의 한국과 오버랩 된다. 우리 국민들은 '한 번도 가보지 않은 나라, 절대로 가서는 안 되는 나라'에 직접 발을 내딛고 나서야 정신을 차리고 정부의 폭주에 제동을 걸 것인가. 브레이크를 밟을 기회와 시간이 별로 남지 않았다.

2019.10.16.

윤석열 검찰의 역할과 한국당의 책임

조국 법무부 장관은 '검찰개혁의 소명'을 내세워 자신에게 집중된 온갖 부정과 불법 혐의를 역대급 철면피 행태로 무시하며 국민과 싸우고 있다. 그렇다면 문재인 대통령과 조국 장관이 '죽을힘을 다해 추진하겠다'는 검찰개혁의 내용과 목적은 과연 무엇일까.

그것은 바로 대통령의 충견忠犬으로 '중국식 공안통치' 기구가 될 수 있는 대통령 직속 공수처 설립과 검경수사권 조정, 부패한 권력을 향해 칼을 댈 수 있는 특수부와 같은 기구의 축소가 아닌가.

'(검찰에 대한) 인사권을 행사하겠다'는 조국 장관의 취임 일성은 국회외 마지막 남은 헌법기관을 장악해 체제 변경을 완수하겠다는 의지의 표명으로 비쳐지기도 한다. 국민의 선출권력이 검찰을 통제해야 한다는 주장은 알고 보면 과거 이탈리아 파시스트 정당이 고안한 제도와 비슷하다는 분석도 있다.

　우리는 이러한 점에서 살아 있는 최고 권력의 비리에 칼을 대는 윤석열 검찰에 기대를 걸지 않을 수 없다. 조국 장관에 대한 검찰 수사는 현재 조국 일가를 넘어 여권 실세들 혹은 문재인 대통령 자신과 친인척이 연루된 권력형 게이트의 가능성도 내비치고 있다.

　조국 일가가 투자한 사모펀드는 조국이 민정수석이었을 때 관급공사를 현저하게 따냈고 이에 연루된 혐의를 받는 윤모 총경의 사무실이 압수 수색됐다. 신라젠이라는 부산의료원의 바이오 벤처에도 윤석열 검찰은 수사를 확대하고 있다. 문재인 대통령이 파산관재인으로 있던 동남은행은 조국 장관이 이사로 있던 가족학원법인 웅동학원에 30억을 대출하고 그 채무 회수를 무시했다는 의혹을 받고 있다.

　조국 사태는 문재인 대통령과 조국 장관 간에 오래 전에 이미 형성되었을 수 있는 '경제공동체'에 대한 의심을 불러온다. 윤석열 검찰은 이러한 의혹들을 해소해야 한다. 적당한 선에서 수사를 마무리하고 문재인 정권과 타협하려 한다면 오히려 검찰과 윤석열 총장 자신부터 국민으로부터 버려지고 돌이키기 어려운 굴욕을 당할 것이고 국가의 운명은 나락에 빠질 것이다.

한편 야당도 긴장의 고삐를 단단히 조여야 한다. 여권의 법치와 민주주의 훼손에 정치적으로 승부를 내지 못한 한국당이 내부 혁신 없이 윤석열의 검찰만 믿다가는 '앞만 보고 달리는' 검찰의 철퇴를 비켜가기 어려울 수 있기 때문이다.

한국당 스스로 국민으로부터 비난받지 않을 선제적 조치들을 취해 나가야 하고 무엇보다 내년 총선 승리와 차기 정권 교체의 가능성을 보여주어야 언론과 검찰 모두 자신감을 갖고 권력과 맞서 싸울 수 있다.

국민들은 문재인 정부의 통치적 정당성에 더 이상 동의할 수 없게 되면 그 대안으로서 야당 정치세력을 돌아볼 것이다. 그때 보수 정당이 여전히 국민의 비호감 속에 놓여 있다면 대한민국의 민주주의는 고아가 될 수밖에 없을 것이다.

2019.10.1.

'연금 사회주의'의 교훈, 너나 잘해라

지금부터 30년 이후 2057년 국민연금 기금은 완전히 바닥이 난다. 덜 내고 더 받는 구조 때문이다. 한마디로 시한부 인생이다. 국민연금의 펑크를 막으려면 세금으로 메워야 한다. 그 세금은 기업과 국민들로부터 나온다. 청년세대들은 더 큰 부담을 져야 한다.

그러한 시한부 국민부담 국민연금이 2008년 글로벌 금융위기 이후 10년 만에 처음으로 금년 마이너스 수익률을 기록했다. 손실액은 5조9000억 원에 달했고 국내 주식시장 투자 손실률은 16.8%나 됐다. 국민의 재산을 운용하는 국민연금은 국민 재산보다 스튜어드십 코드로 대기업 총수 일가의 소위 '갑질'에 더 관심이 많았던 게 아닌가.

공적 성격을 띠는 연기금의 주주행동권은 1990년대 들어 미국의 사회학자들 사이에 커다란 관심의 대상으로 떠오른 주제였다. 1976년 피터 드러커가 <보이지 않는 혁명>이라는 저서에서 노동자들의 연금이 기업의 주주로 참여함으로써 궁극적으로 미국에 '연금 사회주의' 시대가 올 것으로 예상했던 이후, 실제로 미국 최대의 연기금인 캘리포니아주 공무원연금 캘퍼스Calpers가 의욕적인 CEO 데일 한센을 맞아 1980년대 말과 90년대에 주주행동을 활발하게 전개했기 때문이었다.

캘퍼스는 1992년 GM의 로버트 스템펠 회장을 '무능력한 지도자'로 낙인찍어 축출하는 데 결정적인 역할을 했으며 뒤이어 코닥, 아메리칸 익스프레스, 웨스팅 하우스, 애플의 경영진들이 줄줄이 물러나는 사태가 왔다.

2000년대에는 기업들에게 환경과 노동조건 개선과 같은 문제들을 요구하기도 했다. 그러나 이러한 캘퍼스의 주주행동은 '요란만하고 효과는 없는' 것으로 드러났다. 현장에서 캘퍼스의 주주행동을 10여년간 연구해온 펜실베니아 대학 와튼스쿨의 우심Useem과 같은 학자들도 "주주들의 이해관계가 워낙 복잡해 연기금의 주주행동은 실제 효과가 없었다"고 결론짓는다.

결국 캘퍼스의 주주행동은 반기업, 친노동적 성향이라는 낙인을 얻었고 캘퍼스의 기금 운용의 목적과 효율성에 대한 문제가 제기되는 상황에 이르자, 연기금 주주행동은 '너나 잘하라'는 비판 속에 지금은 이미 수익률 중심으로 방향을 틀었다. 원래 연기금의 스튜어드십 코드는 민간 연기금들 간에 자율협정으로 등장한 것이다.

 기업의 사회 정의 실현이 목적이 아니라, 기업의 사회적 공헌을 통해서 기업가치가 상승할 수 있다면 그러한 것을 외면하지 말자는 취지다. 그렇기에 스튜어드십 코드는 철저히 정부나 정치권의 영향을 받아서는 안 된다.

 그런데 국민연금 투자본부장을 청와대가 면접보고 복지부가 인사에 영향을 준다면 당연히 국민연금은 정부와 정치권의 영향을 받을 수밖에 없다. 무엇보다 국민연금 스스로 방만한 경영을 되돌아봐야 한다.

 과거와 달리 지금은 모든 전산시스템이 완벽해서 연봉 7000만 원이 넘는 이들이 하는 연금 납부내역 확인, 독촉일을 동사무소 고졸 학력의 직원도 할 수 있게 되어 있다. 기업은 연기금 가입자들이 주주다. 그런 연기금 관리 집사면 집사의 역할에 충실해야 한다.

2019.4.10.

사법부의 자해^{自害}를 바라보며

1804년 파리의 대법원 형사재판소에는 특별한 그림이 걸렸다. 화가 프뤼동의 대표작 중 하나인 '범죄를 뒤쫓는 정의의 여신과 복수의 여신'이라는 제목의 그림이었다.

이 그림에는 사람을 살해하고 돈주머니를 빼앗아 달아나는 범인과 그를 잡으려 횃불을 든 복수의 여신 네메시스^{Nemesis}, 그리고 저울과 검을 든 정의의 여신 디케^{Dike}가 그려져 있다.

복수의 여신 네메시스는 범인을 잡아내는 검경을 의미한다고 하는데 검이 아니라 범죄를 밝히는 횃불을 들고 있다. 그렇게 찾아낸 범인에 대해 정의의 여신 디케는 심판을 의미하는 저울과 검을 들고 있다.

현재 대한민국에서 벌어지고 있는 사법파동을 이 네메시스와 디케로 그려 본다면 어떤 그림이 될까. 범인에게 반드시 복수한다는 검찰의 네메시스는 횃불을 버리고 디케를 향해 검을 들고 있고, 법원의 상징 디케는 자신의 저울에 자신을 달았으며 자신의 검으로 자신의 목을 베고 있는 것이 아닌가.

정의와 인권의 마지막 보루라는 법원은 지금 내부로부터 무너져 내리고 있다. 법원조직법에도 없고 법관들에 대한 대표성도 없는 '전국법관회의'라는 기구가 '사법농단'이라는 비법非法적 정치용어를 앞세워 법관들을 탄핵 의결했다. 참석자들이 누구였는지는 공개되지 않았다.

문재인 대통령이 임명한 김명수 대법원장은 법원내에 있었던 법원행정을 '권리남용'이라며 검찰에 수사를 의뢰했다. 여당인 민주당이 김경수 재판에 불복하자 김명수 대법원장은 마지못해 짧은 코멘트를 내놨고 김경수 지사 유죄 판결을 내린 담당 판사는 법원내 자율적인 행정 지침에 응해 상부에 업무를 보고한 것에 대해 '공무상 기밀누설'이라는 죄명으로 검찰에 의해 기소됐다.

법원내 좌파성향의 사조직 출신 판사들이 완장을 차고 법원 요직을 장악하면서 법원은 마치 소비에트 혁명기를 방불케 하는 인민재판장이 돼버렸다. 그들은 자신들과 이념적 코드가 다른 판사들에게 적의를 드러내며 '재판거래'나 '사법농단'과 같은 만능보검의 요상한 용어를 동원해 동료 판사들을 공격했다.

검찰도 이를 편들어 수사에 수사를 거듭했지만 불법이라 할 만한 것을 밝혀내지 못했다. 그러자 10명에 달하는 판사들이 독립적인 법원 내에서 행한 업무에 대해 '직권남용'으로 기소됐다.

법원행정처를 폐지하고 이를 법관회의로 대체하겠다는 김명수 대법원 체제는 특정 이념 판사들의 완장질로 침묵하는 다수의 법관들을 겁박해서 사법부를 문재인 정권의 시녀로 전락시키겠다는 의도로 밖에는 읽히지 않는다.

그래서 묻게 된다. 과연 누가 대한민국의 사법을 농단하고 있는가? 법관들이 헌정을 무시하면 주권자가 나설 수밖에 없다. 법관의 지위와 자격은 하늘에서 떨어진 것도 아니고 정권이 보장해 주는 것도 아니다.

주권자를 무시하는 법관들과 정치세력은 반드시 주권자에 의해 심판대에 오르게 될 것이다. 대한민국은 그렇게 만만하고 호락호락한 나라가 아니며 주권자 국민들은 바보가 아니다.

2019.3.13.

정의를 강물같이 흐르게 하자

'하늘이 무너져도 정의를 세워라 Fiat justitia, ruat caelum.'

2017년 박영수 특별검사팀을 지지하던 시민들은 이재용 삼성전자 부회장의 구속영장이 기각되자 이 문구가 적힌 꽃바구니들을 특검 사무실로 배달했다. 사무실이 위치한 대치동 건물 앞은 시민들이 보내온 꽃바구니로 발디딜 틈이 없었다고 한다. 이 격언은 국정원 댓글공작 수사에서도 진보좌파 진영의 단골 구호가 됐다.

지난 1월말 김경수 경남지사에 대한 1심 유죄판결에서 드루킹의 대선 여론조작 공모행위가 단지 김경수로만 그치지 않는다는 정황들이 포착되고 있다. 그리고 그 한가운데에는 영부인이 있다.

문재인 대통령의 부인 김정숙 여사는 수 천 명의 지지자들이 모인 자리에서 '경인선에 가자'고 수차례 외쳤다. 드루킹과 김경수가 공모했던 대선 여론조작의 비선 조직인 '경인선경제도 사람이 먼저다'을 드루킹의 조직원들만 알아들을 수 있는 말로 격려한 것이다.

김경수 특검은 대선 여론조작의 공모자들에 대한 제2의 '경인선 특검'으로 가지 않으면 안 되는 상황을 맞고 있다. 그 대상은 문재인 대통령과 김정숙 여사로 모아진다. 재판을 통해 드러난 8800만 건 댓글조작 사실은 문재인 정권에 치명적이 될 것이다.

그래서인지 민주당과 좌파단체들은 '재판불복'을 공공연하게 주장하고 있다. 심지어 김경수 재판 1심판사를 법관탄핵 명단에 추가하겠다는 협박도 나왔다. 그 판사는 박근혜 대통령의 국정원 뇌물죄에 유죄를 판결했었다. 물론 민주당은 당시 환호했다.

김경수 재판 항소심인 2심에서 무효를 선언하지 않으면 안 된다는 주장도 공공연하게 나온다. '가카빅엿'으로 물의를 빚었던 판사 출신 서기호 전 의원은 민변의 사법개혁특위 위원장 자격으로 출연한 라디오 인터뷰에서 김경수 1심 재판 판사와 2심 항소심 판사를 싸잡아 '양승태의 사노비'라며 불한당이나 할 수 있는 주장을 펼쳤다.

자신들의 마음에 드는 판결이면 정의고 마음에 들지 않으면 불의라는 태도는 대한민국의 사법체계를 근본적으로 부정하겠다는 것이나 다름없다. 이것이 바로 '내로남불'의 끝판왕, 인민독재가 아닌가. 민주와 정의를 위해 투쟁해 왔다는 운동권 정치인들, 그리고 법조인들의 민주와 정의는 도대체 무엇인가.

권불십년, 화무십일홍이라고 했다. 권력은 쟁취할 때보다 놓을 때가 더 어렵다고도 한다. 문재인의 사람들은 이제 남은 기간에 권력을 어떻게 내려놓을지를 고민해야 한다. 이해찬 민주당 대표의 '20년, 100년 정권 창출' 주장은 자신들의 정치 수명을 단축할 뿐이다.

우리 국민들은 보기보다 우매하지도 않고 비겁하지도 않다. 아무리 보수와 야당이 당장 무기력하다고 해서 모든 것이 자신들의 뜻대로 될 수 있다는 생각은 욕심이다.

민주당과 범여권은 겸허한 마음으로 주권자 국민 앞에 정의를 세울 것을 약속해야 한다. 자신들의 잘못을 고백하고 밝힐 수 있을 때 국민들은 여당을 신뢰할 것이다. 오직 정의를 강물같이 흐르게 하자. 경인선 특검이 그 시작이 될 수 있다.

2019.2.25.

정의로운 전쟁 A Just War

"니들이 와 전쟁에서 지는지 아네? 와 도망치기 바쁜지 알아? 기건 와 싸우는지를 모르기 때문이야!"

6·25 전쟁 초기 파죽지세로 남한을 점령해가던 '골수 빨갱이' 인민군 장교는 영화 <고지전> 속에서 이렇게 말한다. 그러다 3년 후 전장의 참화를 경험한 그는 이렇게 바뀌어 있다. "싸우는 이유… 너무 오래돼서 다 잊어버렸어."

'휴먼드라마'를 표방하며 허무적 평화지상주의와 혐전론嫌戰論에 빠져드는 이러한 부류의 영화는 현재 우리 사회의 분위기와 문화코드를 드러낸다. 전쟁의 참혹한 '실체' 속에서 이념과 정의正義, 선과 악은 무의미하고, 또 실제 있지도 않다는 것이다. 좌와 우, 보수와 진보의 구분이나 종북과 '색깔론'은 단지 상대적인 것이고 낡은 것으로서 지양해야 하는 것으로 인식되기도 한다.

'정의로운 전쟁just war'에 관한 논의는 수천년간 이어져온 인류적 화두다. 전쟁의 희생과 고통이 너무도 크기에 모든 전쟁은 악惡하며 애초에 정의로운 전쟁은 있을 수 없다는 주장이 힘을 얻기도 한다.

하지만 과연 그럴까? 그렇다면 60여년전 대한민국이 싸운 6·25전쟁과 당시 흘린 수십만 국군장병과 유엔병사들의 피는 헛된 것이었단 말인가? 한반도 적화를 위해 전쟁을 일으킨 김일성이나 북진자유통일을 주장한 이승만이나 오십보 백보고, 그래서 공산군을 막아낸 맥아더 장군은 통일을 저지한 민족의 원수란 말인가? 그래서 그렇게 맥아더 동상을 끌어내리려 했고, 그러던 사람들이 지금은 국회에 진출해 있는 것인가?

2009년 오바마 미 대통령의 노벨평화상 수상 소감이 새삼 의미 있게 다가온다.

"정의로운 전쟁은 분명 존재합니다. 비폭력운동은 히틀러의 군대를 막아내지 못했을 것이고, 협상은 알 카에다의 무기를 내려놓게 하지 못할 것입니다. 전쟁이 때로 불가피하다고 말하는 것은 조롱의 대상이 아니라 역사를 직시하는 것입니다. 인간의 불완전함과 이성의 한계를 인정하는 것입니다."

우리는 때로 왜 싸워야 하는지 모른다. 많은 군인들이 확고한 소명을 갖고 참전하지만 또한 많은 경우 개인의 선택이 아니라 국가의 명령에 의해 전장으로 행군한다.

일상의 삶도 마찬가지이다. 아무리 고귀하고 위대한 인생이라도 하루하루는 고되고 '평범한' 시간으로 채워진다. 인생의 영광은 날마다 찬란히 빛나며 드러나는 것이 아니라, 때로는 고통스럽고 이해 못할 일상의 과정을 묵묵히 채우고 견뎌나가면서 조금씩 발견되는 것이다.

6·25전쟁은 생존과 삶의 방식을 둘러싼 정의로운 전쟁, 성전聖戰이었다. 총알이 빗발치는 전장에서 때로 두려워 떨며 숨기도 하고 신을 원망하기도 했겠지만, 참전용사들은 결국 자유를 지키기 위해 훌륭히 싸워냈고 그렇게 지켜낸 대한민국은 오늘날 세계에서 손꼽히는 경제대국과 자유민주주의 국가가 됐다.

전쟁의 참화를 견뎌낸 많은 영웅들이 참전을 자랑스럽게 여기며 하나님께 감사하고 있다. 그들이 영웅인 것은 전장에서의 비범한 용기 때문이기도 하겠지만 또한 인간의 한계를 겸손히 인정하고 일상의 끊임없는 전투에서 승리해왔기 때문이지 않을까.

2012.6.18.

빗나간 분노, 월가 점령 시위

역사歷史가 크고 작은 사건들로 구성된 시대적 흐름이라면 그 흐름의 방향을 결정하는 것은 자연 발생과 필연일까, 아니면 인위와 우연일까.

최근 뉴욕에서 벌어지고 있는 '월가를 점령하라 Occupy Wall Street' 시위는 거대 금융산업의 불합리한 수익배분구조를 지적하고 있다는 점에서 일견 설득력을 얻고 있는 것 같다.

JP모건, 시티은행, 체이스, 메릴린린치 등 미국의 주요 8개 금융기관 CEO들의 평균 연봉은 2007년의 경우 약 330억 원(2740만 달러)였고, 50위권 헤지펀드 및 사모펀드 매니저들의 평균연봉은 자그마치 7080억 원(5억8800만 달러)에 달했다. 각각 일반 직원들 평균 연봉의 344배에서 최대 1만9000배에 달하는 '숫자'로서 실로 엄청난 규모다.

더욱이 이러한 막대한 연봉을 지급해온 금융기관 일부가 2008년 금융위기 당시 부실로 파산하는 대신 국민의 세금으로 이뤄진 연방정부의 구제금융을 지원받아 회생했다는 사실이 현재 높은 실업률로 허덕이고 있는 미국 국민들, 특히 청년들을 분노케 하고 있다. '1% 가진자'에 대한 '99%의 목소리' 주장이 과거 좌파 유혈혁명가들의 선정적 구호와 일견 다르게 다가오는 이유다.

그런데 월가 시위를 둘러싼 역사의 자연발생적 필연성은 여기까지인 것 같다. 우선 시위대들의 타깃이 부동산 거품을 몰고 온 서브프라임 융자와 구제금융 등 일련의 잘못된 경제정책을 펼쳐온 주범 워싱턴 당국자들이 아니라 뉴욕의 금융재벌들에게 향하고 있다는 사실이 어색하기만 하다.

시위방식도 '금융 5적賊 선정'과 일부의 '폭력혁명' 구호 등 점차 과격하고 마녀사냥식으로 변질되고 있다. 이번 시위가 평소 반기업 반소비 활동을 주창해온 한 상업좌파 잡지의 마케팅 구호로부터 우연히 촉발됐다는 점도 흥미롭다.

더구나 월가 시위가 세계 주요 도시로 확산되면서 각종 인위적 정치색이 덧칠되고 있다. 스페인과 이탈리아 등 유럽국가들은 불합리한 노동시장과 산업경쟁력 저하, 포퓰리즘으로 인한 국가재정 파탄 등 정부의 정책적 실패를 미국과 국제자본의 문제로 돌리는 절호의 기회로 활용하고 있다. 미국 정치권의 경우 민주당

정의는 어느 편일까

과 공화당이 내년 대선을 앞두고 정치적 손익을 계산하느라 분주한 모습이다.

유행에 민감한 우리나라에도 월가 시위가 수입됐다. 아류 '여의도 점령' 시위가 등장한 것이다. KB금융, 기업은행 등 주요 금융기관 수장의 연봉이 미국 기관 CEO 연봉의 1~4%에 불과해 근본적 환경이 다름에도 불구하고, 안그래도 반미라면 눈귀가 번쩍 열리는 전문 시민활동가들에게는 지나칠 수 없는 호재일 것이다.

시장경제와 금융자본주의의 원리는 더 많이 갖고 더 많이 누리고자 하는 인간의 욕구 실현 본능이다. 이를 무시했던 공산주의 사회주의의 역사적 실험은 이미 실패했다. 우리에게는 월가보다 나은 기회가 있다. 우리의 욕구와 본성을 인정하고 가꿔나가는 동시에 노블레스 오블리주 정신을 나로부터 실천해 나가야 할 것이다.

2011.10.24.

5장
보수의 과제

행복의 시작, 지방자치 개혁

다가오는 20대 대선에서 이재명 더불어민주당 후보는 '나를 위해 이재명'이라는 슬로건을 내걸었다. 윤석열 국민의힘 후보는 '내가 행복해지는 내일'을 선언했다. 여당이든 야당이든 이제 국가와 국민 이전에 나와 개인의 의미와 가치를 주장하는 선거 캠페인을 구사하고 있다.

국가에 앞서 '행복한 나'는 시대적 요구일 수 있다. 하지만 내가 행복해지려면 내가 살고 있는 지금 여기에서, 나와 함께 내 이웃이 행복할 수 있어야 한다. 그것이 국민 행복이 시작되는 기점이다. 그러한 '지금, 여기, 우리'가 커뮤니티의 개념이고 주민자치의 원리이며 지방자치의 정신이기도 하다.

나와 내 가족, 그리고 내 이웃이 사는 곳이 엉망진창인 곳에서 국민으로 행복하게 산다는 것은 모순이다. 그런 이유로 올해 1월 13일부터 발효되는 지방자치법 전부 개정안의 의미는 우리에게 새롭게 다가온다.

30년 만에 개정된 지방자치법은 주민주권과 주민참여제도를 보다 강화하고 용인시 등 인구 100만이 넘는 전국 4개 대도시의 경우 광역시에 준하는 특례시 규범이 적용된다.

여론조사를 보면 우리 국민의 70%가 이러한 지방자치에 찬성하고 있다. 동시에 약 40%의 국민은 지방의회를 불신하고 있고 지방자치제의 효율성에 의문을 보내고 있는 것도 사실이다.

이러한 문제는 지방자치단체의 권한과 책임의 불분명한 규정과 재정 분권의 미비가 만든다. 현재 국세와 지방세 비율이 기존의 80:20에서 약 73:27로 완화되었다고는 하지만 여전히 불균형은 심한 상황이고 무엇보다 중앙으로부터 교부받는 국고를 지방자치단체가 자치권을 가지고 지출할 수 없다는 점이 근본적인 문제로 지적된다.

기초자치단체는 광역과 중앙에서 돈을 받고 시키는 일을 하는 '용역업체'로 전락해 있는 셈이다. 그러니 기초자치단체는 자신의 행정 권한과 책임으로 수영장 하나를 만들 수 없다. 도로는 물론이고 주민들을 위해 더 나은 도시를 만들기 위한 자치적 결정은 중앙의 간섭과 규제, 재정 지출의 예속으로 불가능한 상황이다.

  국가의 주인은 국민國民이고 도시의 주인은 주민住民이라는 생각은 받아들여지면서도, 왜 주민이 '투표'라는 주권으로 선택한 대표부는 '지방정부'가 아니라 '지방자치 단체'인가. 주민이 단체의 회원이라는 이런 개념은 일제의 유산 잔재일 수 있다.

  지역의 일은 지역의 주민들이 자치적으로 풀어가야 하며 중앙은 보충성의 원리로 지방정부가 해결하지 못하는 일에만 개입하는 것이 원칙이어야 한다. 그러한 수직적 분권이 로컬과 중앙 행정에 가장 민주적이고 효율적이다. '현장에 답이 있다'는 이야기는 그래서 행정의 금과옥조가 아니던가.

  그런 의미에서 이제 대한민국의 지방자치 개혁은 '제2의 민주화'라는 시대정신을 소환하고 있다. 그것이 '나와 내 이웃이 함께 행복한 나라'의 조건임은 말할 필요도 없을 것이다.

2022.1.20.

시민이 없는 시민사회

아리스토텔레스는 아테네의 민주주의를 지탱할 수 있는 힘은 군사력도 아니고 경제력도 아닌 '필리아philia'임을 강조했다. 필리아는 '서로 호의를 가지고 상대가 잘되기를 바라는 마음'을 의미한다.

이를 오늘날에는 '시민 간의 우정'으로 옮길 수 있을 것이고 공화주의에서 시민의 덕성으로 전제되고 있다. 토크빌이 미국의 민주주의 발전을 보면서 가장 부러워했던 점도 이 점이었다.

토크빌은 미국의 수많은 자발적이고 자유로운 시민 결사체들을 보면서 그것이 프랑스의 시민혁명과 다른 민주주의 본질적 요소임을 발견했다. 우리는 이를 '시민사회'라고 부른다.

하지만 현재 한국의 시민사회와 시민단체는 그 본질에서 크게 벗어나고 있다. "서울시 곳간이 시민단체의 ATM 기기가 돼

왔다"는 오세훈 서울시장의 지적은 결코 정파적 발언이 아니다.

한국의 시민사회는 과거 권위주의 정부 시절, 민주주의에 대한 시민들의 정치적 욕구를 담아내는 저항적, 정치적 결사체로 그 소임을 맡아왔다. 그러나 87민주화체제 이후에는 스스로 자신의 진보성을 정치적 무기로 삼아 '시민 없는 시민사회'로 변질돼 왔다.

이렇듯 편향되고 이념화된 시민단체들이 '문재인 참여연대 정부'하에서 한층 더 타락해 하이에나와 같은 모습으로 국가에 기생해 왔다면 지나친 평가일까.

한국의 시민사회도 이제는 시민 사이의 우정$_{philia}$을 지닌 자유롭고 개방적인 모습으로 혁신해야 한다. 특정 이념의 정치적 기지(基地)라든지, 청와대의 회전문과 같은 형태도 문제지만 정부의 지원을 받아 정책 아젠다의 동원 대상에 머무르는 행태도 지양되어야 한다.

시민사회는 다원화, 분절화 되어가는 국가와 시장 사이에서 시민들을 우정과 화해, 관용과 협동의 접착제로 통합하는 역할을 해내야 한다. 이를 위해서는 시민사회 스스로 자신을 더 투명하고 개방적이고 공공적으로 변화시켜야 한다.

정부 역시 그러한 시민사회의 환골탈태를 돕고 자립의 기회를 제공하기 위해 '사업 보조비'라는 시혜성 정책에서 정부와 기업과 민간을 잇는 파트너로서 지원해야 하고 고용창출의 보고寶庫로서 활용해야 한다.

유럽 국가들은 이미 전체 고용에서 비영리분야 NPO, NGO가 차지하는 비율이 많게는 40%에 이르고 있다. 4차 융복합 산업의 도래로 이러한 현상은 더 심화 될 것으로 예상된다. 아울러 선진국이 개도국을 지원하는 ODA와 같은 국제개발 해외봉사 프로그램을 통해 청년들에게 일자리와 사회적 富를 창출하며 민간외교의 한 축을 담당하게 할 수 있다.

우리 대한민국의 시민사회도 이제 과거의 구태에서 벗어나 보다 공공적이고 개방적인, 그리고 전문성을 가진 미래형 시민 결사체로 나아가야 할 때다. 시민사회는 아직 성장 가능성이 무궁무진한 미래의 블루오션인 것이다.

2021.10.5.

'2017년 체제'를 넘어서

　2017년 대한민국은 법치라는 지각地殼 아래 혁명이라는 용암이 끓어오르고 있다. 지금 대한민국호의 조종석에 앉아 있는 이들이 분출구로 찾는 화산에는 '적폐청산'이라는 푯말이 붙어 있으며 혁명의 이름은 '87년 체제'를 넘어 '2017년 체제'라고 일컬어진다. 이 체제에서는 의회보다 위원회가, 법치보다 촛불이 정당성의 우위에 있다.

　이들은 또 그런 방식을 '숙의 민주주의'라고 불렀다. 숙의 민주주의는 적폐청산이라는 패스워드 하나면 어디든 접속이 가능해서 법률로 정해 조사해야 할 국정원의 국가 기밀 내용들이 달랑 훈령 하나로 적폐청산 위원회가 만들어져 무단 열람되었으며, 무슨 일을 해 온 이들인지 알 수도 없는 민간인들이 국정원 서버를 뒤졌다.

이들은 법률로 개정해서 시행해야 할 국정원법을 무시하고 국정원의 간첩 잡는 방첩 수사를 금지시켰다. 미국 CIA, 독일 헌법수호청 등이 모두 하는 요인들에 대한 감시는 불법사찰로 못 박아 금지시켰다.

혁명의 용암은 이제 '헬조선'이라 불렸던 불평등의 사회를 평등하게 바꾸겠다고 나선다. 차별을 넘어 평등을 추구한다는 이들이 저지르는 행동들은 근로자를 위한다며 최저임금을 로켓포처럼 쏘아 올려 중소기업들과 자영업자들을 도산시키는 것이고, 노동시간 단축과 기술적 파업으로 대기업들로 하여금 해외 탈출을 계속하게 만드는 일들이다. 그러면서 다시 기업들을 단죄한다. '사회적 책임을 지지 않으려 한다'는 이유로.

자본주의는 드넓고 비옥한 해저평원임에는 틀림없지만 이 자본주의 해저평원은 그 심연을 알 수 없는 사회주의라는 좁고 깊은 해구로 빨려 들어가는 경향이 있다. 유럽과 미국에 산업혁명을 가져왔던 부르주아 시민정신은 한국의 우파에게는 도래渡來하지 못했고 그 결과 한국의 우파는 끝없이 전개된 좌파 사회주의자들의 선동과 강요에 자신의 영역들을 하나하나 내줘왔다. 우파는 평화와 정의라는 이름을 좌파에 이미 빼앗겼고 이제 어쩌면 안보라는 이름마저 '적폐'라는 굴레로 인해 내줘야 할지도 모르는 상황에 이르렀다.

보수의 과제

대한민국은 아직 미완未完의 나라가 아닌가. 대한민국의 건국과 정통성을 인정하지 않는 이들에 의해 나라가 통치되고 있는 것은 아닌가. 이들이 원하는 세상은 법치가 아니라 인민의 의지가 권력이 되는 전체주의 사회는 아닌가. 그래서 이들이 내세우고 있는 적폐청산이란 곧 혁명의 용암들을 분출시킬 화산이며 곧 법치주의의 파괴와 대한민국의 청산은 아닌가.

러시아 공산주의자들은 농민들에게 땅을 주겠다고 속여 혁명에 내세운 후 땅은 커녕 빵도 주지 않았다. 대신 가난한 이들에게 이념을 줬다가 망했다. 중국 마오쩌둥은 '자본주의라면 아무리 그것이 화초라도 싹을 잘라야 하며 사회주의라면 아무리 그것이 잡초라 하더라도 키워내야 한다'며 문화혁명을 일으켰고 3천만 명을 아사시켰다. 그리고 나서야 중국은 어쩔 수 없이 개혁개방으로 갔다.

러시아 혁명 100주년인 올해 2017년이 저물어 간다. 우리나라에는 진보와 좌파가 그토록 오매불망고대하던 촛불의 2017년 체제가 들어섰다. 하지만 그 길은 이미 역사적으로 심판이 끝난 길이다. 혹은 최근 1인체제를 완성하고 더 강력한 공산당 독재와 사회주의를 선포한 중국 시진핑의 역사적 역주행 노선에 편입하려는가.

2017.12.19.

보수는 무엇으로 사는가

톨스토이는 단편소설 '사람은 무엇으로 사는가'에서 인간이 가진 사랑의 힘을 확인한다. 두 아이를 낳은 어머니의 영혼을 거둬오라는 명령을 거역한 죄로 인간 세상에 버려진 천사 미하일이 구두 수선공 세몬의 도움으로 사람이 무엇으로 살 수 있는지 깨달음을 얻는 이야기다. 인간은 나약하지만 자신을 위한 염려가 아닌 서로에 대한 사랑이 있기에 살아갈 수 있다는 것이다.

사랑이 개인간 구원의 힘이라면 정의(正義)는 공동체를 살리는 힘이다. 문제는 각자의 정의가 다르다는 것이고 그렇기에 정치는 다양성을 통일하는 기획이 된다. 비스마르크가 정치를 '가능성의 예술'이라고 말했던 이유다.

100여 년전 톨스토이의 질문, '사람은 무엇으로 사는가'를 오늘 한국에서 '보수는 무엇으로 사는가'라고 되묻는다면 어떤 답을 얻을 수 있을까. 누구나 자신을 위해 살아가는 것이 세상의 이치라면, 보수의 정체성을 가진 정치인들과 시민들도 정치적으로 자신들을 위해 활동한다고 할 수 있다.

그것을 부정하는 것은 순진한 것이다. 중요한 것은 각자가 자신을 정치적으로 이롭게 하고자 하는 행동들이 보이지 않는 섭리에 의해 협력을 이루어 '공동의 선善'으로 귀결되느냐 아니냐에 달려 있다.

자유한국당은 탄핵심판으로 인한 정치적 파탄속에서 '보수는 무엇으로 사는가'를 화두로 갖게 됐다. (탄핵심판이 옳으냐 그르냐를 따지는 것은 더 이상 유효하지 않다.) 홍준표 자유한국당 대표는 이 화두를 '신보수주의'로 풀어가려 하는 것 같다. 이는 낡은 보수와의 단절일 수밖에 없으며 보수내 주류세력 교체라는 형식으로 그 내용을 담보할 수밖에 없게 된다. 여기에 저항과 반발은 필연적이다.

지금 보수를 통합하고 재건해야 하는 자유한국당이라는 정치적 집단 안에 어떤 이들이 좀 더 옳고 그른지, 그리고 나아가 누가 선善이고 악惡인지 판단하지 않을 수 없는 상황이다.

선과 악의 판단은 아리스토텔레스가 니코마스 윤리학에서 성찰한 바와 같이 역설적이게도 우리의 믿음이 아니라 '무엇이 좋은 결과를 가져올 것인지'를 따져보는 이성에 기반한다. 결과가 좋아야 공동의 선이 될 수 있다는 것이다. (여기서 '결과'나 '공동의 선'은 불완전하고 유한하며 상대적인 것일 수 있다.)

이러한 성찰은 자유한국당 내에서 일어나는 정치적 갈등이 각자의 정치적 이익을 위한 권력투쟁임에도 결국 '좋은 결과'를 위한 공동의 선을 찾기 위한 과정일 수밖에 없다는 점을 깨닫게 한다. 그렇다면 실패한 정치세력은 책임을 지고 퇴장해야 하며 대안의 세력이 최선이 아닐지라도 그것을 최선으로 만들려는 의지들이 필요하게 된다. 로마의 정치철학자 키케로의 말처럼 '정치적 지도자는 태어나는 것이 아니라 만들어지는 것'이기 때문이다.

2018년 지방선거가 대한민국의 선과 악을 구분할 '대*신문관'으로 다가오고 있다. 자유한국당과 홍준표 대표가 실패한 구보수와 결별하지 못한다면 보수, 그리고 우리가 알고 있던 대한민국의 미래는 없을 것이다.

2017.12.5.

보수의 내려놓기

　사고를 당해 피를 철철 흘리고 있는 사람이 있다면 당장 병원에 가야 할까 아니면 가해자를 쫓아야 할까. 대한민국 보수와 자유한국당이 절체절명의 위기에 있다. 그런데 보수는 치료를 위해 수술대에 오르기보다 발병의 원인을 찾는다며 서로 손가락질하고 싸우다 치료와 회생의 골든타임을 흘려보내고 있다.
　박근혜 전 대통령은 지난 3월 10일 헌재판결에 의해 '역사'가 됐다. 그것이 촛불과 민중언론에 굴복한 불의한 판결이었다 할지라도 대한민국 법원의 결정은 모든 국민에게 효력을 갖는다.
　탄핵소추에 반대하며 수십만 명 국민이 거리에 나와 태극기를 든 것은 대한민국을 지키기 위해서였지 개인 박근혜 대통령을 위한 것은 아니었다. 그런데 이제 보니 어떤 사람들은 한 개인을 지키기 위해 태극기를 들었던 것이 아니었나 싶다. 불행하게도 이제 '태극기'는 '친박'을 상징하게 되고 있는 것이 아닌가.

보수당은 반성하며 모든 것을 내려놓고 혁신해야 한다. 반성의 이유는 보수의 가치인 자유민주주의 시장경제 체제의 우월성을 대다수 국민들에게 설득하는 데 실패했고 사회주의 민족주의 세력에 정권을 내줬기 때문이다.

변명이 있을 수 없다. 선거에서는 한 표만 적어도 패하는 것인데 지난 대선에서 보수는 역대 최대 표차로 졌고 대다수 국민들은 여전히 현 정부에 높은 지지를 보내고 있다. 탄핵과 지난 대선은 옳든 그르든 박근혜 대통령과 보수 정당의 돌이킬 수 없는 정치적 패배였다.

박근혜 전 대통령의 한국당 탈당. 이것이 왜 지금 보수 혁신의 핵심 쟁점이 되어야 하는가? 혁신과 변화에 금도가 있던가? 원칙적으로 한다면 박근혜 전 대통령 뿐 아니라 정부 실패의 책임을 공유해야 할 한국당과 바른당 국회의원들이 모두 사퇴하는 것이 옳다.

돌이켜보면 지난 대선에서도 한국당 바른당은 대선 후보를 내지 말았어야 했다. '우린 죄인입니다' 하고 바짝 엎드려 모든 것을 내려놓았다면 국민들의 시선은 조금 달라졌을 것이다. 이것이 '쇼'라고? 그렇다면 '진심'이 있기는 했던가?

물론 원칙과 현실은 다르다. 정치적 타협도 필요할 것이다. 보수도 끊임없이 변하지 않으면 살 수 없다. 비정상적으로 보이는 국내 정치 상황이 비단 우리나라에만 국한되지도 않는다. 불만에 쌓인 중산층의 반란은 전 세계적 현상이기도 하며 세계는 지금 4차 산업혁명으로 거대한 인류사적 전환기를 맞고 있다.

문재인 정부는 강대국 사이에서 운전자론을 앞세웠지만 불과 몇 개월 만에 돌아온 것은 미국의 불신과 중국의 경멸, 그리고 북한의 무시와 모욕이었다. 현실화된 북한의 핵위협 앞에서 정부는 한없는 인내와 일방적 호의를 보내고 있다. 오죽하면 김정은이 '문재인의 레드라인은 도대체 어디인가'라며 한탄한다는 우스개 소리가 나올 정도이겠는가.

위기는 언제나 있어왔다. 문재인 정부가 '적폐청산'을 외치며 민족·사회주의에 기반한 혁명적 변화를 대내외적으로 추진하고 있지만 끝내 역부족일 것이다. 우리 국민들이 눈을 뜨고 있다면 말이다.

2017.9.20.

2016년 미래의 길

'미래'란 예측하는 것이 아니라 선택하고 책임지는 것이기에, 미래는 우리가 세우는 목표, 이상향이자 그곳에 도달하기 위한 어젠다 세팅의 과정이기도 하다.

미래를 향해 나아가는 우리의 자세는 겸허해야 한다. 아직 우리는 남북한 통일을 이루지 못했다. 엄밀한 의미에서 보면 아직 우리는 국가건설의 완성을 보지 못했다는 뜻이다. 진정한 국가건설은 남북통일이 완성되어 남북 전체 국민이 자유민주주의와 시장경제의 틀에서 개개인이 가진 창의성을 꽃피우고, 가능성을 폭발시킬 때 이뤄질 것이다.

우리의 목표는 유토피아가 아니라 남북통일의 완성이다. 오류와 이기(利己)로 가득한 우리의 한계를 인식하고 이웃 사랑과 나눔이 궁극적 가치가 돼야 한다. '너'가 아니라 '나'로부터 시작해야 하고 각자가 헌신과 희생을 각오해야 한다. 내 것을 내려놓고 가난한 마음을 가지면 비로소 바라보고 나눌 수 있는, 두렵고 떨리지만 동시에 밝고 희망찬 미래다.

2016년 다음과 같은 미래를 꿈꾼다.

첫째, 대한민국의 헌법적 가치의 회복, 자유민주주의 체제의 정상화가 하루빨리 완성돼야 한다. 우리 사회 각계 구석구석에 만연한 '1987년 체제'의 분위기, 즉 민주진보를 앞세우면 대접받고 행세하는 위선적이고 수구적인 문화와 지식권력이 뿌리 뽑혀야 한다. 남 탓과 부정, 억지와 타도의 구호로 얼룩진 선동적 사이비 민주진보세력 대신 자기 일터에서 묵묵히 땀 흘리는 대다수 국민들과 자유민주, 보수의 가치가 국가와 사회의 중심이 돼야 한다.

둘째, 통일준비의 모멘텀이 확산되고 '어떤 통일'이냐에 대한 국민적 합의가 형성돼야 한다. 지난해 통일대박, 통일모금, 대중對中 통일외교, 통일준비위원회 등의 구호와 활동으로 통일논의가 확산되면서 '통일정치', '통일장사'라는 비판도 일부 있었지만 오히려 판을 더 크게 펼쳐야 한다.

통일에 호의적이지 않는 중국이나 일본의 속내와 아슬아슬하게 연명 중인 김정은 체제를 들여다보면서 점진적 통일, 연방제 통일론 등 현실주의론이 고개를 들고 있지만 그럴수록 자유통일의 원칙을 더 크게 천명해야 한다. 2400만 북한동포의 인권 유린과 문명과 민족을 파괴하는 북한체제의 종식이 정의와 상식이 돼야 한다.

셋째, 자유와 인권, 반反부패, 공정성 확립 등 가치 중심의 국가적 어젠다를 세우고 신新성장동력으로 과학기술, 법조, 의료, 스포츠 분야에 몰려 있는 최고 수준의 인재들이 세계시장으로 진출해야 한다. 이를테면, 변호사들은 국제거래자문 분쟁 해결 등에 참여하여 국제사회를 이끄는 이너 서클에 들어감으로써 국가의 국제화를 견인할 수 있을 것이다.

국가적으로는 일찍이 런던과 뉴욕, 중동의 두바이, 아프리카의 르완다, 아시아의 싱가포르처럼 국제기구와 법률시장의 무대가 될 수 있다. 스포츠 분야에서는 관官 주도의 엘리트 스포츠, 금메달리스트를 양산하는 시대는 수명을 다했고, 올림픽 유치와 투자의 효용성이 의심되기도 한다. 게임, 엔터테인먼트 산업처럼 스포츠산업이 발전될 수 있을 것이다.

2016.1.3.

통일과 역사교과서 논쟁

"통일은 한반도 구성원이 자유와 존엄을 보장받고 자신의 꿈을 이루는 것이다." 박근혜 대통령은 지난 10월 미국 방문 중 통일의 목적과 성격에 대해 이렇게 설명했다.

경제 발전이나 민족의 동질성 회복보다 자유와 인권이라는 인류의 보편적 가치를 바르게 강조한 것이다. 박 대통령은 오바마 미국 대통령과의 정상회담에서 "북핵北核 등 북한 문제의 궁극적 해결 방안은 통일"이라는 명확한 인식도 밝혔다.

통일 한국의 미래가 한발자국 더 다가오고 있는 듯하다. 그리고 미래를 위한 한국사 교과서 논쟁이 본격 점화됐다. 늦었지만 불가피한 '미래를 위한 역사전쟁'이 될 수 있다.

국내 입국 탈북민 2만8000여 명 2015.5 기준 중 3000명 이상이 '탈남脫南' 했다는 충격적인 통계가 있다. 사회주의 독재체제에 익숙

해 있던 그들에게 한국사회 적응이 그만큼 어렵다는 얘기다. 통일 이후 2000만 동포들이 살고 있는 북한 지역은 어떤 정치경제 사회 체제를 도입하게 될까.

우리가 막연히 기대하는 자유통일은 과연 가능할 것인가. 준비되지 않는 통일이 자유민주주의 체제의 '동반자살'로 이어지지는 않을까. 통일준비의 시작이 대한민국의 정통성과 자유민주주의 체제의 강화가 돼야 하는 이유다.

우리 학생들이 배우고 있는 현행 역사교과서 일부는 대한민국을 친일파가 세운 나라, 부끄러운 나라, '잘못 태어난 나라'라는 시각에서 기술하고 있다. 민족의 정통성이 서울보다 평양에 있다는 민족·민중사관이 철밥통으로 전락한 주류 국사학계의 역사 인식이라는 지적도 있다. 국사편찬위원회 전前 위원장은 "위원회와 학계 90%가 좌파적 사관에 경도돼 있어 손발이 묶여 아무 일도 할 수 없었다"고 했다.

채택률이 가장 높은 미래엔 출판사 한국사 교과서의 경우 편향된 역사관을 무리하게 적용하다보니 8페이지에 걸쳐 무려 30개의 오류를 양산하기도 했다. 이러한 역사 교육과 인식은 북한독재 세습체제에 대한 도덕적 불감증을 우리 사회에 양산시키는 주범이기도 하다.

우리는 무엇을 해야 할까? 첫째, 현 통합 교과서 도입 과정을 국정이냐 검정이냐의 문제가 아니라 콘텐츠 문제로 인식, 전환시켜야 한다. 학부모들은 현행 '역사逆史' 교과서 내용을 올바로 파악하고, 오피니언리더들은 역사 오염의 원조인 한국역사연구회나 서중석, 김용섭, 박원순 등 근원을 추적, 이해하고 발본색원에 앞장서야 한다.

둘째, 새 교과서 집필 및 역사논쟁에서 '극좌와 극우를 배제한다'는 식의 기계적인 중립주의를 타파해야 한다. 반세기 넘게 세계의 학문적 조류와 교류 없이 '우리끼리' 한국사를 연구해온 여러 국사학자들과 그러한 분위기를 일신하고 정치 경제 사회학자 등 세계적 시야를 갖춘 여러 분야의 학자들이 대한민국 역사 교육에 참여토록 해야 한다.

셋째, 이참에 한국 교육을 짓누르고 있던 3불三不 정책 - 고교등급제 금지, 대학입시 본고사 금지, 기여입학제 금지 등 기계식 하향 평등주의 정책을 폐지해야 한다. 또한 정부의 연구지원금 심사기관인 한국연구재단을 철저히 관리하고 EBS의 역사 강의를 정상화해야 할 것이다.

마지막으로, '대통령 발發' 교육개혁은 스스로 성공할 수 없다. 이 모든 노력에 교과부와 청와대 교문수석실, 국사편찬위 등 책임기관이 앞장서야 하고 온 국민이 미래를 위한 성전聖戰에 동참해야 할 것이다.

2015.11.5.

개성공단 문제와 노조개혁

"직장을 일방적으로 폐쇄한 개xx들에 대해 민노총은 왜 암말도 안하냐? 5만 명이 한번에 길거리로 쫓겨났다. 평양 전체주의자들이 개성을 올스톱시켰다. 민노총의 '노동자 인권'은 휴전선까지 뿐이냐? 그러고도 니들이 노동운동? …"

북한의 개성공단 폐쇄조치에 대한 한 논객의 SNS 촌평이다. 입걸은 말이지만 현 시점 한반도의 적나라한 현실을 담고 있다. 연이어 이런 말도 올라왔다.

"드디어 김진숙_{한진중공업 크레인 장기농성자}이 할 일이 생겼다. 개성공단에서 제일 가까운 곳에 있는 김일성(동상) 대가리 꼭대기에 올라가 장기농성 좀 해라. 거기서 똥도 싸고 오줌도 싸라. 그 배짱 없으면서 만만한 한개 기업에 대고 행패질했나?"

5월은 근로자의 날, 어린이날, 어버이날, 스승의 날 등 보은일報

恩日이 연이어 있는 감사의 달이다. 하지만 지금 우리 사회와 한반도 주변을 돌아보면 마음이 각박해진다. 대내외적 상황은 여전히 어렵고, 거짓말과 헛소리들이 난무해 때론 초현실적(?)이기까지 하다.

우선 남북 문제. 북한의 최고 뚱보 김정은이 숨가쁜 군사공갈을 늦추고 거친 숨고르기를 시작하면서 개성공단 문제가 최대 현안으로 떠올랐다.

사실 개성공단은 처음부터 잘못 끼워진 단추였다. 정경분리 원칙을 내세웠지만 대화와 개방 유도라는 정치적 의미라면 몰라도 애당초 경제적 논리는 성립되지 않았다. 최근 폐쇄된 개성 공장 입주자들이 물건들을 차위에 바리바리 싣고 귀환하던 장면을 보라. 자동차 천장과 앞유리까지 가득 싣고 온 완제품들은 다름 아닌 가방이며 옷가지였다.

123개 입주기업들은 대부분 개성공단과 이를 통한 정부의 저렴한 전기공급, 세금감면, 특혜대출 등이 없었다면 진작 문을 닫았어야 할 한계기업이었다. 이들을 지금까지 유지시켜온 건 여러 요건들로 이미 상쇄되었을 북한의 값싼 노동력이 아니라 우리 국민의 세금이었다.

다음은 '춘투春鬪'의 달 5월, 이번호 커버기사로 다룬 노조 문제. 우리 사회에서 강성노조는 더 이상 설득력과 폭넓은 지지를 받지 못하고 있다. 철저한 개혁과 '민주화', 거듭남 없이는 생명력이 다해 보인다.

민노총과 대표적 산별노조들은 근로자들의 권익이나 복지 신장이 아니라 이념의 계급투쟁, 정치투쟁을 벌여왔다. 그리고 이제는 한발 더 나아가 이른바 귀족노조, 철옹성노조로 변형돼 '고용세습' '평균 연봉 1억 원 돌파' 등을 목표로 이권투쟁에 몰입하고 있다.

이래저래 녹아나는 건 대다수 말없는 순수한 근로자들과 강성 정치노조가 타깃으로 해 왔던 기업들과 대한민국 체제다.

그렇다면 남북문제, 노조문제의 본질과 해결방안은 무엇일까? 인본주의적 시각으로 들여다보면 南-北, 勞-使, 左-右 양측 모두에 일리가 있다. '좋은 사람', '나쁜 사람'은 다 상대적일 뿐이고, 결국 목구멍이 포도청이라 살림살이가 나아지면 김정은도, 강성노조도, 좌파운동가도 다 변하고 진정한 대화와 화해 협력이 가능할 것 같다는 생각이다.

하지만 이는 착각이다. 문제의 본질은 보편적 가치와 정의에 대한 믿음에 있다. 보편적 가치와 질서를 믿고 이를 추구하는 사람들이라면 집단과 이념을 떠나 진정한 대화와 협력이 가능하지만 자유와 인간의 존엄성을 짓밟고 자신과 집단의 이익, 정치적 이념에 함몰돼 인간을 도구화하는 이들과는 평화적 공존이 불가능하다.

  그렇다면 보편적 가치와 정의를 우리 사회와 세계에 확산시키고 정직과 양심이 지배하는 질서를 만들어 나가는 것이 우리 사회의 책임이며 남북 문제와 각종 사회 문제를 해결하는 본질적 해결 방안이 아닐까.

2013.5.6.

언론 개혁의 과제

30 대對 1000. 각각 18대 대통령직 인수위원과 인수위 출입 기자단 숫자다.

상당수가 정체도 아리송한 그 많은 언론들과 1000여 명의 기자들은 지난 1~2개월간 박근혜 당선인과 30여 명의 인수위원에 대한 비판 기사를 쏟아냈는데, 비판의 가장 큰 이유 중 하나는 아무리 삼청동 인수위 사무실 앞에서 밤새 진을 치고 목을 빼고 기다려도 기사거리가 나오지 않기 때문이었을 것이다.

그래서 최근 정치권 기사의 키워드는 박근혜 당선인의 '잠행'과 '불통' '밀봉인사'였다. 그리고 인수위원과 일부 조각이 발표될 때마다 언론들은 굶주린 하이에나의 추잡한 이빨과 냄새를 드러내며 발표인사들의 약점 사냥에 나섰다.

현재 대한민국 유일의 무소불위 권력은 언론이다. 입법·사법·

행정부의 주요 요직은 모두 청문회와 선거를 통해 철저한 검증 절차를 거치는데 유독 '4대 권력' 언론에 대해서는 아무런 제어장치가 없다.

언론인, 기자가 되기 위한 자격제한은 없고, 비판이 직업인 이들에게 '죄 없는 자가 돌을 던지라'는 말은 애당초 상관이 없다. 누가 누가 더 펜대와 자판을 힘껏 눌러 정치인과 공직자, 사회 각계를 통쾌하게 때리는가의 경주가 벌어진 모양새다. 편향된 이념과 진영논리에 의한 일방적 비판도 심각하지만, 최소한의 사실관계 검증이라는 기본적 저널리즘마저 사라졌다.

3류 '듣보잡' 인터넷 매체들의 이야기만이 아니다. 메이저 기성 언론들의 경우 그들의 특기 중 하나는 정권 초기 새 정부를 일단 때리고 보는 일 같다. 특히 친여 성향의 언론들은 새정부를 '조질수록' 존재감이 더 크게 드러나고 정부 내 지분을 높일 수 있다고 믿는 듯하다.

결정권자의 인사人事 비판을 넘어 아예 직접 인사를 하려고 하고, 자신들의 하마평이 맞지 않으면 그 책임은 인사권자에게 넘겨진다. 심지어 자사 언론사 출신을 청와대에 밀어 넣기도 한다. 한마디로 언론이 최고지도자의 머리 꼭대기에 앉아 있는 모양새다.

사실 언론에 보도되는 뉴스란 '현실'이 아니라 편집되고 해석

된 '메시지' 일 뿐이다. 국가 지도자는 언론을 보고 현실을 파악하는 것이 아니라 언론과 뉴스를 통해 국민들에게 자신만의 메시지를 전달해야 한다. 그렇지 않고는 민주주의 사회의 최대 장점이자 단점일 수 있는 언론의 자유를 지닌 민주국가를 주도적으로 이끌 수 없다.

또한 새 박근혜 정부는 포털 권력을 개혁해야 한다. 그동안 네이버, 다음, 네이트 등 포털은 사실상 언론 행세를 하며 수천, 수백만 방문자수를 기반으로 엄청난 영향력을 행사해왔다.

그리고 노조가 장악한 공영 언론들과 선교를 목적으로 방송허가를 받은 후 편향된 변칙 시사보도를 해온 종교 언론들에도 메스를 가해야 한다. 기독교 언론은 기독교계가 나서 지원을 철회하는 등 자정 노력을 기울여야 한다.

이제 우리나라에도 기업과 스포츠, 연예계에서 처럼 세계 1류 매체와 언론인들이 탄생하기를 바란다. 3류 언론이 1, 2류 기업, 정치를 비판하는 모습은 더 이상 보고 싶지 않다. 언론개혁이야말로 국가 선진화와 사회통합, 통일을 위한 최우선 과제 중 하나이다.

2013.2.18.

2013 무엇을 할 것인가

피와 혁명의 붉은 사상과 민주화라는 시대정신에 휩쓸렸던 386세대의 자리에, 미래 대한민국의 허리와 동력으로서 이념적 편견 없이 맑고 푸른 오늘의 20대 청춘들이 새롭게 들어서기를 바란다.

이들 20대는 전교조의 오도된 교육철학과 좌편향 교과서의 영향을 받기는 했지만 그 폐해를 직시하여 대다수58.4%가 지난 서울시교육감 선거에서 전교조 후보를 거부했고, 대선에서는 상당수31.9%가 새누리당의 박근혜 후보를 선택해 보수정권 재창출에 기여했다.

서울대 <대학신문>의 학내 조사결과에 따르면 자신이 '보수적'이라고 밝힌 학생들은 2000년 13.2%에서 2002년 17.2%, 2005년 27.6%, 2007년 40.5% 등으로 꾸준한 증가 추세에 있다.

이러한 젊은 세대 보수화의 원인은 진보좌파의 위선과 선동에 대한 거부감, 경제난과 취업난 혹은 풍요로 인한 탈이념화 등 여러 가지로 분석될 수 있을 것이다.

하지만 청년세대의 이러한 외형적 보수화, 탈정치화 추세는 외부 상황이 바뀌면 언제라도 변화될 수 있다. 미국 대학생들의 경우도 현재 불확실한 경제 상황에서 학자금 대출 상환과 취업문제 등에 매몰되면서 보수화하고 있지만, 전쟁이 확대되고 만약 징병제라도 도입되는 날이면 캠퍼스는 급격히 진보화, 좌경화될 것이다.

서구 역사의 출발이 된 기독교 정신과 이에 근간한 우리 헌법과 자유민주주의 가치에 대한 확고한 이해와 올바른 역사 인식이 언제 다시 '재발'할지 모르는 청년세대와 우리 사회 전반의 좌클릭 현상을 막아 줄 수 있을 것이다.

진정한 보수란 반대편 진보에 대한 상대적이거나 교리주의적인 이념이 아니라, 변하지 않는 절대적 가치의 존재를 믿고 점진적 개혁과 변화를 추구하는 세계관과 유연한 자세에서 출발한다고 본다.

우리 사회와 한반도는 이제 거대한 문명과 세계관의 충돌지대에 놓이게 됐다. 슈퍼파워 미국과 미국적 가치의 영향력이 상대적으로 적어지고 중국의 영향력이 점차 증가함에 따라, 기독교적 자유민주주의 가치에 대한 확신은 줄어들고 대륙의 무신론적 인본주의 가치와 이에 기반한 사회민주주의 및 공동체주의 주장이 점차 목소리를 높이게 될 것이다. 이에 비하면 현재의 종북세력의 준동은 몸통 북한 정권과 함께 점차 사그라질 바람 앞의 촛불일 수 있다.

이 때에 우리는 무엇을 해야 할 것인가. 2013년 벽두에 우리는 이 질문을 되새길 수밖에 없다. 올 한해 20대 청년세대에서 희망을 보고 이들의 양성 방안을 모색해나가고자 한다.

하지만 보다 근본적이고 중요한 점이 있다. 아무리 우리가 무엇을 할 것인가를 고민하고 또 그 정답을 찾아내 실천한다 한들 결과는 우리에 손에 달려 있지 않다는 점이다. '무엇을 할 것인가'에 대한 레닌의 이론과 실천은 인류를 극단적 교리주의와 무신론에 빠지게 하고 세계 역사를 한세기 동안 거꾸로 후퇴시켜 놓았을 뿐이다.

무엇을 할 것인가에 대한 대답과 실천은 오늘 나의 신념과 신앙의 작은 실행에 달려 있지 않을까. 근면함과 정직, 이웃과 사회에 대한 신뢰와 사랑, 국가를 짊어질 미래 세대의 양성은 시간을 내고 지갑을 여는 오늘 나와 우리의 작은 행동과 헌신으로부터 시작될 것이다.

2013.1.18.

승리 이후의 과제

무엇을 할 것인가What is to be done?

100여년전 레닌은 공산당 운동의 효시이자 훗날 한반도 386운동권의 바이블이 된 동명 저서를 통해 처정예 볼셰비키 전위정당의 창설과 '선전가이자 선동가이며 조직가'인 언론매체의 창간의 필요성을 역설한 바 있다. 그리고 그 주장의 실천은 지난 한세기 동안 세계 역사를 송두리째 바꾸어 놓았다.

새해가 시작되고 곧 새 정부가 들어서게 된다. 향후 박근혜 정부는 "21세기 들어 최악의 대외환경에 직면하게 될 것"이라는 국립외교원의 최근 보고서가 있었다.

중국의 군사력 강화와 미중관계의 경제적 마찰 심화, 일본의 극우화, 북한을 둘러싼 관련국들의 이견차 등으로 동아시아는 위기가 고조될 것이며 세계경제는 더욱 어려워질 전망이다.

국내적으로는 대선 과정을 통해 '종북의 모범'을 보여준 이정희 통합진보당 대표 등의 맹활약(?)으로 지금은 잠시 수세에 몰린 듯 하지만, 反국가적 종북세력과 非지성적 추종세력은 여전히 그 실체로서 정치권 내부와 주변에 폭넓게 자리잡고 있다.

그들은 인선 시비 등 대통령 당선인의 잠재적 아킬레스건을 노리며 국기國基 꺾기를 위한 제2의 촛불기회를 호시탐탐 노리고 있는 모양새다. 정쟁政爭이라면 그나마 나으련만, 국가체제를 둘러싼 대한민국세력 대 反대한민국세력간의 사활을 건 승부는 대다수 국민들이 인식하든 인식하지 않든 당분간 지속될 것이다.

2013년 새해, 그리고 향후 5년 우리는 무엇을 해야 할 것인가. 51.6%의 승리에 도취돼 샴페인을 터뜨릴 시간은 없다. '권력'을 바라보며 도움과 따스함을 기대할 여유는 애초부터 없었다. 이번 선거의 승리는 하나의 열매이자 또하나의 감사의 시작일 뿐이다.

2013.1.2.

올림픽 이야기 - 보수의 스포츠학

스포츠의 핵심은 경쟁이다. 스포츠는 공정한 경쟁, 페어플레이를 통해 상대방에게 이기는 것을 목표로 한다. 역사적 관례나 규칙에 의해 정해진 동등한 환경에서 손에 땀을 쥐게 하는 예측불허의 싸움을 펼치는 것이 스포츠의 미학이자 본질인 것이다.

스포츠에서 승리와 성공은 정직하다. 우연적 요소는 최소화되고 엄정한 기록과 점수가 승패를 결정한다. 선수들은 최종 승리를 거머쥐기 위해 경기장에서 뿐 아니라 일상의 '삶의 게임'에서도 불굴의 정신으로 하루하루 치열한 자신과의 싸움을 펼쳐간다.

완전경쟁의 극한을 보여주는 올림픽에서의 금메달은 정치적 협상과 배려에 의해 '배분'되거나 무상으로 주어지는 것이 아니라, 최상의 실력을 갖춘 각 종목 단 한명의 영웅이 스스로 획득하는 영예의 면류관이다.

운동선수 중에 소위 보수가 많고 연예인이나 예술가 중에는 진보가 많다는 것은 공공연한 비밀이다. 미국에서는 '메이저리그 우파, 헐리우드 좌파'라는 말도 있다. 운동선수들이 '단순'하고 배우나 예술가들이 '심오'해서가 아닐 것이다. 기록 또는 눈앞의 상대와 싸워야 하는 운동선수의 승패는 대체로 정직하고 객관적이지만, 대중의 취향과 감성에 어필해야 하는 예술가의 성공과 실패는 주관적이며 시대적 흐름에 좌우되는 경우가 많다.

국가적으로 보면, 스포츠는 민주주의 발전과 국력과시, 사회통합과 의사소통의 역할을 수행하기도 한다. 올림픽이 정치와 이념을 뛰어넘는 전세계인의 스포츠 대제전이라고 하지만, 많은 국가들이 '국가대표'들을 내보내 체제선전과 국위선양에 기여하도록 한다. 굳이 나치정권의 선전장이 된 1936년 베를린올림픽의 부정적 예를 들지 않더라도, 88서울올림픽과 2008베이징올림픽은 양국의 국가발전과 국위선양에 결정적 공헌을 했던 절호의 기회였다.

스포츠는 국민성의 발전에도 기여한다. 프랑스의 쿠베르탱이 근대올림픽을 창시한 애초의 동기도 이러한 점을 간파했기 때문이다. 그는 강력한 대영제국의 동인을 스포츠 중심의 19세기 영국공립학교 교육에서 찾고 부러워했던 것이다.

오늘날 미국 등 선진국일수록 프로스포츠뿐 아니라 아마추어

생활스포츠가 크게 활성화돼 있다. 스포츠는 건강한 보수우파적 가치를 함양한다. 스포츠에서는 노력과 결실이 비례한다. 스포츠맨십 안에는 관념적 이상주의나 평등주의, 허무주의 등이 깃들 자리가 없다.

한편 좌파진영이 볼 때 국가스포츠는 거북할 수 있다. 애써 국가주의나 국수주의와 결부시키기도 한다. 지난 김대중-노무현 정권 10년간 대한민국 정부에서 체육부가 사라졌던 것도 연관이 없지 않을 것이다.

런던올림픽이 곧 개막되면 태극기와 애국가가 전 세계에 나부끼고 울려퍼질 것이다. '대한민국'에 진저리를 치는 적지않은 이들에게는 악몽의 여름이 될 것 같다.

2012.7.3.

보수의 전략전술론 vs 홈그라운드론

최근 한나라당 비상대책위원회가 당의 정강정책에서 '보수保守'라는 용어를 빼겠다고 하여 논란이 불거졌다. 겉으로 보면 비대위가 보수진영의 면상에 먼저 한방을 날렸고 이에 휘청거리던 보수진영이 한나라당내 반대세력과 일시적으로 힘을 합쳐 한방을 되돌려주면서 보수삭제 논란은 일단 사그라진 모양새다.

만약 이번 싸움이 이념과 정책을 둘러싼 한나라당의 노선투쟁이었다면 비록 한방 맞은 자리가 얼얼하긴 하지만 보수진영에서도 환영했을 것이다. 그 정도 배포는 있다. 지금까지 한나라당에는 당리당략적 밥그릇 싸움만 있었지 정책정당으로 거듭나기 위한 진정한 사상논쟁은 드물었기 때문이다.

하지만 이번 논쟁도 결국 당내에서는 정책 대결이 아닌 기득권과 공천권을 둘러싼 파벌 내지 각개 생존경쟁에 그쳤다. 비대위의 보수노선 포기 시도에 대해 가장 강하게 반발했던 것은 닳고 닳은 원조 '소장파'들이었고 과거 하나같이 보수를 수구꼴통으로 매도하는 데 앞장섰던 이른바 '쇄신파'들이었다.

그러다 최근 '외부에서 굴러온 돌들'이 당을 개혁하고 쇄신한다고 하니 이들 수구 기득권세력이 갑자기 보수의 수호자로 변신해 특정 비대위원 사퇴론, 한나라당 해체론 등을 들고 나오며 발군의 밥그릇 싸움실력을 발휘했던 것이다.

더구나 한나라당 비대위의 보수노선 포기 시도가 총선과 대선을 앞둔 절체절명絕體絕命의 위기 상황에서 내린 필승의 고육책苦肉策도 아니었다. 만약 보수가 젊은 유권자들이나 대다수 국민들 사이에서 인기 없는 희귀상품이라는 이유로 내린 불가피한 전술적 결정이었다면 진행과정과 인사人事가 잘못됐다.

이런 가정을 해본다. 만약 이들이 아니라 확고한 보수주의자들이 보수의 전술적 후퇴를 주장했더라면 어땠을까. 냉전이 한창이던 1972년 닉슨 미 대통령이 국내의 반대를 무마시키고 '붉은용' 중국을 전격 방문해 핑퐁외교를 펼칠 수 있었던 것은 그가 골수 반공주의자이었기 때문에 가능했다.

한편 김종인 한나라당 비대위원이 이번에 보수삭제를 주장한 것은 한나라당은 물론 국가의 이념적 정체성이 불필요하다는 평소 소신을 그대로 드러낸 것으로 보인다.

보수란 영구불변永久不變의 절대적 이념이나 철학은 아니다. 우리가 21세기 현 시점에서 세계와 대한민국의 발전, 개인의 행복과 신앙의 영위를 위해 가장 적절하고 유효한 정치사회 사상이라고 믿고 실현하려는 가치가 보수주의이지, 보수라는 용어나 개념 자체가 수호의 대상은 아닌 것이다.

우리 사회에서 아직 보수주의의 전통과 그 내용이 무엇인지에 대한 이해나 컨센서스가 부족한 것도 사실이다. 보수주의conservatism란 일반적으로 완고하고 권위주의적 성향을 가리키는 '보수적'인 것과 큰 차이가 있다. 보수주의자들은 양지만을 찾아다니는 무원칙, 무이념의 기득권세력도 아니다. 요즘의 '강남좌파'와 '달동네 우파'란 용어가 말해주듯 보수우파가 소득에 따른 구분을 드러내는 것도 아니다.

그런 면에서 '보수'가 아닌 다른 용어를 사용해야 한다는 주장도 일리가 있으나 혼란스러울수록 기본과 원칙에 충실해야 한다. 진지陣地를 확고히 구축하고 나면 다양한 전략전술을 구사할 수 있지만, 홈그라운드가 없는 채 벌이는 모든 싸움은 망하는 길이 될 수 있다.

2012.1.16.

서울시 무상급식 투표가 남긴 것

진인사盡人事했고 대천명待天命했으며 천명天命이 공개됐다. 주민투표 불발이라는 '하늘의 뜻'을 통해 현재 대한민국 국민과 정치권의 수준이 고스란히 드러났다.

법적으로 따지면 33.3% 미만의 투표율로 인한 개표 무산으로 서울시나 서울시교육청 안案 모두가 무효화됐지만, 투표거부운동을 펼친 서울시교육청과 야권의 전면적 무상급식안이 시민들의 선택을 받은 것으로 사실상 해석됨으로써 조만간 서울의 80만 초중등 학생들은 소득에 관계없이 국가市로부터 연 4000억 원짜리 점심을 공짜로 얻어먹게 됐다.

이번 무상급식 투표는 모든 진영이 일대 전력전全力戰을 펼친 기회였다. 그리고 결과는 정확했다.

우선 오세훈 시장이 자신이 지닌 정치력과 야망, 정치철학 등 모든 것을 남김 없이 보여줬다. 그는 민주당이 80% 이상을 장악한 서울시의회에서 식물시장으로 남기보다, 야권의 전면적 무상급식안을 계급주의적이고 망국적인 복지 포퓰리즘으로 규정하고 주민투표라는 승부수를 던짐으로써 反포퓰리즘의 선봉에 섰다. 투표율을 높이기 위해 대선 불출마와 시장직 연계라는 연이은 선언으로 박근혜 전 대표에 구애하고 한나라당 지도부를 압박했으며, 패배 뒤에는 사흘만에 시장직에서 전격 사퇴함으로써 결연함의 절정을 보여줬다.

오 시장의 패인으로 '전면적 또는 단계적 무상급식의 대결'이 아닌 '무상급식 찬성 대 반대'라는 좀 더 명료한 전략을 택하지 못한 점, 처음부터 좀 더 자세를 낮추고 색깔을 분명히 해 보수층을 파고들지 못한 점, 한나라당과 엇박자를 극복하지 못한 점 등이 지적되기도 하지만 그것은 결과론적 해석일 뿐이다.

박근혜 전 대표도 최선을 다했다고 할 수 있다. 끝내 오세훈 시장과 거리를 둔 것을 두고 책임론이 제기되기도 하지만 현 시점에서 박 전 대표에게 궁극적으로 요구되는 것은 내년 대선의 승리와 좌파정권의 집권 저지가 아닌가.

지난 6월 여론조사에서 국민 대다수가 박근혜 전 대표의 집권을 '정권재창출'이 아닌 '정권교체'라고 답변한 것과, 집권을 위해서는 중간 부동층의 표가 절대적으로 필요하다는 점 등을 고려

할 때 '태생적 보수'인 박 전 대표의 근래 중간자적 행보가 미덥지 않은 것만은 아니다.

민주당 등 야권도 전력을 다했다. 참 잘 싸웠다. 오죽 잘 싸웠으면 서울시민들을 유치원생이나 초등생 수준으로 여기고 우롱하는 '나쁜 투표' '착한 거부'라는 발칙한 선거구호를 내세워 이긴 것이다. 그야말로 '나쁜' 사람들이지만 정치인으로서 하나로 똘똘 뭉쳐 그들의 집권을 위해 한 발 전진했다는 점만은 인정해줘야 할 것 같다.

문제는 역시 한나라당이다. 마지막까지 우왕좌왕하다 오 시장의 배수진에 떠밀려 마지못해 투표전에 참여했고, 각 의원들은 표결에 따른 당내 자신의 입지 계산과 내년 총선에서의 공천 여부 및 지역 표심이 최대 관심거리가 된 것으로 보였다.

서울시민 4명 중 1명(25.7%)에 해당하는 215만8000여 명이 이번 주민투표에 참여했다. 투표법상 최소 투표율에 못미쳐 개표를 못했지만 이번 투표가 정책투표가 아니라 정쟁으로 변질된 '공개투표'였고 그럼에도 불구하고 평일날 그만한 숫자의 시민들이 투표장을 찾았다는 것은 성숙한 민주주의와 시민의식을 보여준 사건이었다. 아직 대한민국에는 희망이 있다.

2011.8.30.

反부패운동과 회개운동

우리 사회에 바르지 않은 일들이 너무 많이 벌어지고 있다. '단군 이래 최대 부패 사건'이라는 부산저축은행 비리사태와 광범위한 여야 연루자들의 쉬쉬함이 그렇고, 양심마비격이고 시대착오적인 친북·사회주의화 현상이 그렇고, 음란 매춘의 만연과 세계 최저의 출산율, 공교육의 황폐와 천정부지의 사교육비 현상 등이 그렇다.

영혼구원을 사명으로 하는 개신교에서 외형과 물질이 강조되고 교회의 사유화가 진행되고 있으며, 천주교와 불교에서는 진리와 '無'를 추구하는 대신 거짓 평화이념과 번다한 다비식이 확산되고 있다.

그러한 가운데 북한의 안보위협에는 둔감하고, 독재의 폭압에 신음하는 동족에 대해서는 전혀 무심하며, 관심은 온통 개인의 보신保身·補身과 오락·쾌락에 쏠려 있다. 모두 양심과 영혼의 마비와 부패에서 비롯된 것으로, 이래 가지고는 인생의 의미도 나라의 목표도 찾아지지 않을 것이다.

물론 이러한 현상이 어제오늘만의 일은 아니다. 이명박 정부가 말기에 접어들고 있고 내년 총선과 대선이라는 국가적 운명을 건 대결전을 앞두고 있는 지금, 유독 부패와 도덕성 문제가 주요 이슈로 떠오르고 있는 건 보수-진보, 좌-우 대결을 떠나 이 문제가 내년 선거의 승패를 가름할 수 있기 때문이다.

직위나 수입의 높고 낮음이나 여야 할 것 없이 사회 전반에 만연한 부패 문제를 어디서부터 어떻게 풀어갈 수 있을까. 이 일은 쉽지도 않고 빨리 되지도 않을 것이다. 당장의 성과보다 먼저 비른 정신을 가지는 것이 중요하다.

이중성과 거짓말이야말로 악한 것이고, 갈등의 조장과 증오의 선동이 해롭다는 것을 먼저 깨달아야 한다. 그리고 근본부터 바로 세워 나가야 한다. 부모와 부부간의 사랑과 자녀의 공경 그리고 상호간의 용서와 화해로 이뤄지는 가정질서, 인간의 존귀성과 자유인권을 기본가치로 하는 자유민주적 기본질서의 국가질서를 튼튼히 세워야 한다.

부모와 사회적 권위를 부정하고 한국 현대사를 뿌리부터 허물어뜨리려는 간교한 책동을 경계해야 한다. 또한 매사에 바른 방

보수의 과제

법을 써야 하고 순리와 절차를 따라야 한다. 부조리와 편법을 배척하고 자기관리에 엄격해야 한다. 정의를 독점한 양 불법과 폭력을 불사하는 방자함과 급진적 개혁을 이루려는 조급함을 버려야 한다.

흔히들 정치인, 언론인, 지식인부터 이를 실천하라고 하지만 반드시 그렇지 않다. 남이 아니라 나부터 시작하면 되고 내 마음부터 바꾸면 된다. 그런데 과연 어떻게 나를 바꿀 수 있을까. 우리는 그것이 내 힘과 의지만으로는 부족하다는 것을 수없이 경험해 왔다. 이에 인간적 의지와 사랑을 뛰어넘는 그 무엇이 필요하며, 도덕적 재무장에 앞서 종교적 각성과 개혁이 필요한 것이다.

교회가 깨어나야 하고 사찰이 변해야 한다. 목회자들과 종교인들의 각성운동이 대대적으로 전개되어야 하고, '내가 더 큰 죄인이요, 내가 거짓말을 했고 도둑질을 했소' 하고 고백하는 회개가 나로부터 시작해야 한다.

회개만이 나와 우리 사회를 부패의 늪에서 건져낼 수 있고, 남한의 회개운동을 통해서만이 북한 폭압정권의 변화와 자유통일의 길이 열릴 수 있을 것이다. 나의 죄와 부족함과 못남이 가정을 살리고 사회를 살리고 나라를 살리는 기적을 이룰 수 있는 것이다.

2011.8.1.

건국일이 없는 나라

대한민국에는 '생일'이 없다. 지난 8월 15일 성대하게 거행된 광복절 기념행사 그 어디서도 건국建國의 의미는 찾아볼 수 없었다. 정치인들이나 역사학자들은 정치적 이해관계나 자신이 속한 이념적 스펙트럼 혹은 시대적 학풍에 따라 대한민국의 출발점을 제각각 다르게 해석하고 있고, 이에 많은 국민들이 우리나라의 건국일이 언제인지, 건국대통령이 누구인지조차 모르는 기이한 현상이 벌어지고 있다. 자신의 건국역사와 국가적 정체성을 모르는 나라와 국민이 과연 21세기 사회적 '소통'과 남북통일을 이루고 강대국으로 도약할 수 있을까.

대한민국은 구한말 대한제국과 일제시대 대한민국 임시정부임정의 법통을 이어받아 이승만 초대대통령이 1948년 8월 15일 대한민국 정부수립을 공식 선포함으로써 건국됐다. 이 대통령이 8월

15일을 선포일로 정한 데는 두 가지 의미가 있었다. 진정한 광복光復은 일제로부터의 해방의 의미뿐 아니라, 영토·국민·주권을 가진 온전한 독립국가를 설립해 국제적으로 인정받는 건국의 의미를 갖출 때 완성되기 때문이다.

따라서 8·15 광복절은 한반도 최초의 근대국가이자 자유민주주의체제인 대한민국 건국과 독립의 의미를 지닌다고 할 수 있다. 또한 '광복'의 사전辭典적 정의가 해방의 의미보다 독립의 의미에 가깝고, 이에 애초 국경일 제정1949년의 취지에 따라 8·15 광복절을 1945년이 아니라 1948년을 기점으로 하는 '독립기념일'의 의미로 지켜야 한다는 지적도 주목할 만하다.

한편 우리 사회에는 1948년 건국의 의미를 부정하는 세력이 다수 포진해 있다. 2008년 8월 15일 이명박 정부가 세종로에서 건국60주년 기념행사를 개최했을 때 민노당 등 야당은 이에 반발해 백범기념관에서 건국 89주년 기념행사를 별도로 가졌다. 1919년 상해임시정부 수립을 건국으로 본 것이다. 그나마 임시정부의 정통성을 전면 부정해 왔던 극단적 입장에서 진일보한 것이긴 했다.

이와 관련 노무현 전 대통령은 "건국절이 무슨 말이냐, 건국은 단군 할아버지 때 했지", "1948년 정부수립은 분열주의자의 승리였다" 등의 말을 남겼다. 하지만 단군을 언급한 발언은 '민족'

과 '국가'의 개념을 혼동한 것으로 같은 논리대로라면 오늘날 이스라엘이 영국으로부터 독립한 1948년 5월 14일을 건국일로 기념하는 대신 모세의 출애굽을 건국으로 기념해야 한다는 주장이 된다. 1948년 정부수립을 '분열주의자의 승리'로 본 것은 '대한민국의 역사는 불의가 득세한 역사'라는 편협한 역사 인식을 드러낸 것이었다.

개인과 마찬가지로 한 단체나 국가가 성장하고 발전을 이루기 위해서는 자신의 존재의 근원과 정체성을 깨닫고 이에 대한 사회적 합의에 도달하는 과정이 반드시 선행돼야 한다. 지금 우리에게 요구되는 것은 과도한 민족주의가 아니라 대한민국에 대한 최소한의 자부심과 예의, 건국역사에 대한 올바른 인식이다.

어쩌면 이러한 인식에 도달하고자 하는 우리의 지금 노력이 아직도 미완인 힘겨운 건국 과정의 일부는 아닐까.

2010.8.19.

용인 그리고 나

6장
부록
- 인터뷰, 에세이

월간중앙

"북한 인권운동에 20년 청춘 바쳐…
낙후된 정치도 확 바꾸고 싶어"

(사)세이브NK Save North & Next Korea 대표, (사)태평양아시아협회 회장, 미래한국미디어 회장, 용인발전소 대표, 대한민국시도지사협의회 남북협력자문위원장. 김범수[50] 국민의힘 용인정 당협위원장의 직함이다.

김 위원장은 미국 펜실베이니아대 인류학과를 졸업하고, 하버드대에서 정책학 석사 학위를 받았다. 북한 인권 시민운동가 등으로 활동하던 중 박근혜 전 대통령 탄핵 사태를 계기로 한국 사회의 모순을 바로잡고자 국회 입성을 결심했다고 한다. 1년여간의 준비 과정을 거쳐 2020년 제21대 총선에서 용인정에 출마했지만, 더불어민주당이 전략 공천한 이탄희 현 의원에 9.6%p 차이로 패했다. 이후 도끼를 갈아 바늘을 만든다는 '마부작침'의 자세로 착실히 표밭을 다져왔다. 국민의힘 당협위원장을 다시 맡아 지난 대선 당시 윤석열 대통령이 용인에서 3000표 이상 승리하는 데 일조했다. 지난해 지방선거에서 이상일 용인시장이 당선하는 데도 힘을 보탰다.

> "세계 최대 반도체 단지 들어설 용인, 시급한 교통 문제 해결 방안 마련에 고심"
>
> "북한 주민 위해 매일 대북 라디오 방송 진행… 인간의 존엄과 자유에 큰 관심"

김 위원장은 "10여 년간 해외에서 공부하면서 지식과 안목을 넓혔고, 20여 년간의 시민운동 과정에서는 우리 사회 한 모퉁이에서 정치 사회의 변화와 질곡을 경험했다"며 "그리고 지난 5년간 용인 주민들과 희로애락을 함께하면서 지역과 현실 정치를 경험한 만큼, 이제는 누구보다도 대한민국과 미래를 위해 일할 준비가 됐다고 자부한다"고 말했다.

- 몸 담고 있는 용인 선거구는 어떤 곳인가?

"인구 110만 명의 용인은 지난해 고양, 수원, 창원시와 함께 특례시로 승격했다. 용인특례시는 근래 들어 대한민국에서 가장 폭발적으로 성장해온 곳 중 하나다. 1996년 군에서 시로 승격한 이후 인구수만 4배 이상 증가했다. 최근엔 120조 원 투자 규모의 SK하이닉스 반도체 클러스터와 300조 원이 투입되는 세계 최대 규모의 삼성전자 시스템반도체 클러스터를 유치하면서 국가적으로도 큰 주목을 받고 있는 곳이다. 대한민국을 넘어 글로벌 도시로 성장할 가능성을 갖춘 핫한 도시다. 선거구는 처인구, 기흥구, 수지구 등 3개구에 걸쳐 갑을병정 4개가 있는데, 같은 용인임에도 불구하고 선거구별 특색이 완연히 다르다."

"교통 문제 해결 위해 신분당선 지선 신설에 총력"

- 우리 정치가 많이 낙후돼 있다는 인식이 많다. 직접 체감하고 있는 지역 민심은?

"용인은 기존 보수 여당의 정서가 바탕에 깔려 있으면서도, 외부에서 유입된 젊은 층 상당수는 중도 혹은 야당 성향이 짙다. 국민의힘은 지난 총선에서 경기도 59개 당협 중 불과 7석을 건지는 데 그쳤다. 용인도 마찬가지다. 민주당 현역 국회의원이 3명으로 압도적으로 많다. 내년 총선도 쉽지 않아 보인다. 하지만 지난 지방선거에서 이상일 시장이 당선했고 호흡이 중요한 만큼, 지역 발전을 위한 차원에서라도 이번에는 유권자들께서 국민의힘의 손을 들어주시리라 믿는다."

- 시급한 지역의 현안은?

"교통 문제 해결이 시급하다. 특히 처인구는 세계 최대 규모의 반도체 생산단지가 들어설 곳임에도 도로 시설이 턱없이 부족한 상황이다. 아울러 용인에서 서울로 출퇴근하는 시민들에게는 서울 지하철 노선 연결과 대중교통을 늘리는 방안이 절실하다."

- 최근 원희룡 국토교통부 장관과 면담한 것으로 안다. 어떤 얘기가 오갔나?

"용인시 교통 문제 해결방안을 설명했고, 가장 중요한 신분당선 지선 신설을 건의했다. 지역 주민과 함께 의견을 모아온 내용을 바탕으로 구체적 도면안까지 그려서 가지고 갔다. 용인 수지구 동천역에서 시작해 기흥구 죽전·마북·동백, 처인구 역북·남사로 이어지는 지하철 노선이다. 향후 용인시민의 교통 편의를 크게 개선하는 중추 역할을 할 수 있을 것으로 기대한다. 실제 용인시에서 최근 이 노선에 대한 예비타당성 조사를 시작했다. 이

밖에도 경강선·서울3호선 연장, 신봉~동백 경전철 연결, GTX 용인역 역사 내 SRT 정차 등을 요청했다. 또한 오랜 인연을 바탕으로, 이한준 한국토지주택공사LH 사장에게도 지역 현안 등에 대해 건의하고 있다. 옛 경찰대 부지와 플랫폼시티 개발 방안, 처인구 배후 도시 건설안 등에 대해 수시로 문의하면서 소통하고 있다."

- 지역 주민을 위해 어떤 것들을 고민하고 있나?

"신분당선 지하철 연결, 경강선 연장과 함께 도로 연결 등 교통 문제 해결을 내걸 생각이다. 삼성전자와 SK하이닉스 반도체 클러스터가 들어서는 가운데, 이와 관련한 여러 복합시설 등이 필요하다. 특히 제가 살고 있는 용인특례시는 문화·예술·스포츠 중심 도시로서의 자격이 충분하다는 생각이다. 처인구에 있는 골프장만 21개나 되고, 대학도 6개가 있다. 스포츠 분야만 보더라도 대학 학과에 연계해 골프와 태권도 등을 특화할 수 있다."

"문화·예술·스포츠 중심 도시 만드는 데 기여할 것"

- 국민의힘이 수도권에서 승리하기 위해 어떤 전략이 필요하다고 보나?

"우선 윤석열 대통령이 지난 대선에서 내세웠던 '공정과 상식'

슬로건은 여전히 유효하다고 본다. 무엇보다 중도층 확장을 위해서는 각자 살고 있는 생활 세계의 개선이 이뤄지도록 하는 정책이 중요하다. 생활 여건 개선의 희망을 주는 것, 오늘보다 내일이 더 나을 수 있다는 희망을 주는 것이 중요하다."

- 젊은 시절, 세이브NK를 통해 북한 인권 활동을 벌여온 것으로 안다. 북한 인권에 관심을 갖게 된 것이 궁금하다.

"언제부터인가 우리 사회에서 북한 인권 문제는 모두에게 외면받는 이슈가 돼버렸다. 인류 보편적 가치인 생명과 인권과 자유의 문제가 정치적으로 매도되고 외면돼 왔다. 저는 북한 인권 문제의 심각성과 시급성을 편견 없이 바라볼 수 있었다. 돌이켜보면 외국 유학 경험이 문제를 객관적 시각으로 바라보게 했던 계기였다. 북한 인권 증진과 자유 평화 통일 준비는 제 인생 멘토이자 장인인 고故 김상철 변호사의 평생 업적이자 유지이기도 했다. 인류 보편적 가치인 인간의 존엄과 자유에 관한 인권 문제 앞에서는 보수와 진보가 나뉠 이유가 없다. 만약 우리 국민들이 북한 인권 문제에 눈을 뜨게 된다면 공정과 상식이 회복되고 정치·사회적 문제도 자연스레 정상화하리라고 본다. 북한 인권 문제의 진전과 해결은 곧 북한 정권의 변화와 자유평화통일과 북한 지역의 개발과 번영의 미래로 연결될 것이다."

- 활동은 어떤 방식으로 진행했나?

"매일 새벽 대북 라디오 방송을 진행했다. 사실 제 이름을 걸고 방송을 시작할 때는 두렵기도 했다. 이후 직접 북·중 국경지역에 가서 북한 내부로 몰래카메라를 들여보내 공개 처형 장면 등을 찍어오기도 했고, 1000여 명의 탈북민을 세이브NK가 구출하기도 했다. 탈북 난민 보호 유엔 청원 1000만 명의 서명을 CD에 담아 외판원처럼 유럽의회 의원실을 돌면서 북한 인권 문제에 관심을 가져줄 것을 호소했던 기억도 있다."

- 태평양아시아협회에서는 어떤 일을 하고 있나?

"태평양아시아협회는 1994년 태평양 연안 아시아 국가들이 민간 교류를 통해 자유와 평화와 번영을 확산한다는 비전을 바탕으로 설립됐다. 저는 지난 20여 년간 청년봉사단원으로, 협회 이사로 관여해 오다가 올해 들어 회장에 취임했다. 미국의 평화봉사단은 전 세계에 청년 봉사단을 보내 지역 전문가를 양성하고 세계 평화에 기여하면서 전성기를 구가했다. 우리 협회도 지난 30년 동안 1만여 명의 대학생을 해외 20여 개국에 파견해 문화 교류와 친선을 도모하는 한편, 세계 시민과 지역 전문가를 양성해 왔다. 지난 8월 25일에는 국회에서 공적개발원조^{ODA} 세미나 '10만 청년, 세계로! 미래로!'를 열고 청년봉사단의 국가적 역할과 확대

(사)태평양아시아협회와 배현진 국민의힘 의원이 8월 25일 공동 주최한 공적개발원조(ODA) 세미나 '10만 청년, 세계로! 미래로!'에서 김범수 태평양아시아협회 회장과 참석자들이 기념촬영하고 있다. / 사진:태평양아시아협회

방안을 논의했다. 우리 청년들이 세계 자유연대의 기수가 될 수 있다는 가능성을 발견하는 계기가 된 행사였다."

"일 잘하는 사람이 국회 들어가야 정치도 바뀐다"

- 펜실베이니아대 인류학과 졸업 후 하버드대에서 정책학 석사 학위를 받았다. 유학파가 시민사회 운동에 관심 가지기가 쉽지 않은데…

"초·중학생 시절 미래 대학교 생활을 떠올릴 때 담배 자욱한 선술집에서 소주를 마시며 나라의 미래를 걱정하고, 학우들과 열정적으로 토론하는 장면을 상상하곤 했다. 제가 92학번인데, 막상

대학교에 들어가니 '운동권 끝물'이라 그런지 주변에 그런 모습의 친구들이 거의 없었다. 민주화와 번영의 시대가 열리면서 '열심히 노는' 캠퍼스 문화가 된 게 좀 시시하게 느껴지기도 했다. 미국에서 공부를 마치고 돌아왔을 때, <미래한국>을 창간해 자유민주주의 체제 수호에 앞장서고, 탈북민 보호와 북한 인권 운동을 개척한 인권변호사이자 전 서울시장이던 장인을 만나면서 시민사회 활동에 푹 빠지게 됐다."

- 미래한국미디어는 어떤 곳인가?

"<미래한국>은 2002년 저희 장인을 중심으로 각 분야의 대표 저 하자와 지성인, 오피니언 리더 1000명이 발기인 주주로 참여해 창간됐다. 저는 지금 <미래한국> 발행인 대표직에서 물러나 회장직을 맡고 있다. 창간 당시만 해도 보수라고 하면 '수구꼴통'으로 매도되는 시절이었다. 보수정론지를 표방했는데, 보수와 진보의 정치진영 논리가 아니라 정치철학과 사상으로써 자유주의와 보수주의 정책을 연구하고 확산하는 데 앞장서왔다. 또한 국제 문제와 북한 문제를 많이 다뤄왔다. 정치사상과 국제 문제를 다루는 언론사를 운영한다는 게 굉장히 어려운 일이다. 임직원과 많은 분의 헌신과 참여로 유지해올 수 있었다. 가장 고마운 건 20년간 함께해준 아내와 가족이다."

- 국회의원이 되려는 이유는?

"20여 년간 시민운동을 하다가 박근혜 전 대통령 탄핵 사태 이후 우리 사회, 특히 이른바 보수진영의 모순에 대해 느낀 바가 있어 이제는 국회에 들어가 일을 해야겠다는 결심을 하게 됐다. 당시 자유한국당에 입당해 당협위원장을 맡으면서 용인으로 오게 됐다. 당연한 말이지만 국회의원이 되고자 하는 것은 단순히 배지를 달기 위한 것이 아니라 국회에 들어가 일을 하기 위해서다. 일을 하던 사람이 국회에 들어가면 일을 잘하지만, 일을 해보지 않던 사람이 권력 의지로만 국회에 들어가면 길을 잃고 권력 다툼만 하게 되는 것을 많이 봐왔다. 저는 앞으로 해야 할 일이 너무 많다."

글 최은석 월간중앙 기자 / 사진 김상선 기자 / 2023.10월호

월간조선

북한인권박람회 'NK어셈블리' 개최

김범수 세이브NK 대표

　북한 인권 단체들과 관련 인사들이 한자리에 모이는 북한인권 박람회 'NK어셈블리'가 7월 14~15일 사단법인 세이브NK Save North&Next Korea·대표 김범수 주관으로 서울 코엑스에서 열렸다.

　이 행사에는 북한인권시민연합, 북한인권정보센터, 북한전략센터 등 15개 단체가 참여했다. 개회식에는 권영세 통일부 장관, 하태경 국회의원 국민의힘 북한인권특위 위원장, 이신화 북한인권국제협력 대사, 이정훈 통일부 북한인권증진위원장, 황우여 세이브NK 이사장 전 사회부총리 등이 참석했다.

행사를 주최한 김범수 세이브NK 대표는 "북한 인권은 보수와 진보, 좌와 우, 전쟁과 평화 등 정치와 이념의 프레임을 초월하는 세계 보편적 가치이자 미래 세대의 새로운 시대정신"이라며 "보다 많은 국민이 자유와 인권, 공정과 연대連帶의 가치인 북한 인권 문제에 관심을 가짐으로써 우리 사회의 통합과 통일을 앞당기는 계기가 되길 바란다"고 밝혔다.

배진영 월간조선 기자 / 2023.8월호

| 시사저널 |

'차세대 리더 100인' 선정
"낡은 이념 프레임 깨고 국가 발전 어젠다로 경쟁해야"

김범수 국민의힘 용인정 당협위원장

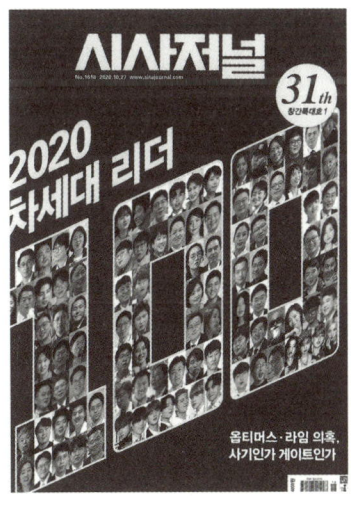

　김범수 국민의힘 경기 용인정 당협위원장은 북한 탈북민을 돕는 사단법인 세이브NK에서 활동하면서 처음 이름을 알렸다. 탈북 청소년들을 소재로 한 다큐멘터리《경계에 선 아이들》은 그가 만든 대표작이다. 세이브NK 활동을 통해 김 위원장이 꿈꾼 것은 북한 인권 개선과 통일이다. 진보진영의 전유물처럼 여겨지는 통일 이슈를 끊임없이 고민한다는 점에서 김 위원장의 활약상을 주목하는 이가 많다. 김

위원장은 미국 펜실베이니아대 인류학과를 졸업한 뒤, 예일대 대학원 국제관계학 석사 과정 수료, 하버드대 케네디대학원 정책학 석사, 서울대 행정대학원 도시개발정책 박사 과정을 수료했다.

그가 북한 인권에 관심을 갖게 된 데는 장인인 김상철 전 서울시장의 영향이 컸다. 1980년대 인권변호사로 이름을 날렸던 김 전 시장은 1990년대 이후부터는 1000만 명의 서명을 받아 유엔에 제출하는 등 북한 인권운동에 앞장섰다. 보수진영에서 바라보는 북한 변화는 '체제 교체'다. 이에 대해 김 위원장은 "보수가 나서 북한 개혁·개방을 위한 대안을 제시해야 한다. 비핵화를 전제로 북한은 4차 산업혁명 전진기지가 될 수 있다"고 주장했다. 지난 4월 총선에서 김 위원장은 사법농단을 처음 폭로한 이탄희 민주당 후보에게 9.6%포인트 차로 패해 낙선했다.

2002년 창간된 보수매체 미래한국의 발행인으로 활동하고 있는 김 위원장은 최근 도시화에 대한 관심이 많다. 도시 산업에서 새로운 먹거리를 찾아야 한다는 생각이다. 이를 체계적으로 공부하기 위해 서울대 행정대학원 박사 과정에 진학했다. 보수정치 변화를 묻는 질문에 그는 "20~30대 젊은 층은 공정과 자유에 관심이 많다. 직업·거주 등 실질적인 문제에 관심이 많은데 보수는 여전히 과거 이념에만 치우쳐 있다"고 안타까워했다. 진보-보수의 낡은 이념 프레임을 깨고 새로운 국가 발전 어젠다를 놓고 정치권이 선의의 경쟁을 벌일 필요가 있다고 제안했다.

송창섭 시사저널 기자 / 2020.10.27.

| 에세이 |

사랑하는 나의 장인, 사명의 시작

　내가 김상철 변호사^{전 서울시장}님을 처음 만난 건 1999년 7월 어느 날 탈북난민보호 1천만 명 서명운동 현장에서였다. 미국에서 공부를 하다 잠시 귀국해 한미우호협회에서 인턴을 하고 있었는데 그 날 토요일은 역삼동 김상철 변호사 사옥을 함께 쓰고 있던 한미우호협회, 태평양아시아협회, 고시계 직원들이 자원봉사로 거리 서명운동에 나섰던 것이다. (서면 보고를 통해 인턴으로 채용됐다가 이날 거리 행사장에서 처음 뵀었던 것)

　한여름 오후 내내 종로 탑골공원 앞에서 모두가 땀을 흘리며 서명운동을 마치고는 인근 칼국수 집에서 저녁식사를 했는데 변호사님이 본인의 신앙간증집 '7일간의 서울시장' 내지에 '金範壽^{김범수} 군, 大成을 바라네'라고 또박또박 사인해 주시던 장면이 생생하다.

여름 내내 한미우호협회 인턴을 마치고는 협회-변호사실 직원들과 회식자리가 있었는데 변호사님은 내게 앞으로 무엇을 하고 싶은지 물으셨다. 나는 비록 한 달여의 짧은 기간이지만 깊게 느낀 바가 있어 "앞으로 김 변호사님처럼 살고 싶습니다"라고 호기있게 답했다.

이어 나는 어떻게 하면 성공하는 삶을 살 수 있는지를 여쭈었다. 변호사님은 "아내를 사랑하는 것이 가장 성공한 인생이네"라고 답하셨는데 나는 이를 깊이 마음에 새기면서도 '혹시 변호사님이 예전에 집에서는 사모님 속을 좀 썩여 드렸었나?'라는 돌이켜보면 완전히 빗나간 생각을 언뜻 하기도 했다. 나는 김상철 변호사님을 내 삶의 롤모델로 생각했고 향후 결혼을 하게 될 때 주례를 부탁하리라 마음먹었다.

"아내를 사랑하는 것이 가장 성공한 인생이라네"

그리고는 방학을 맞아 귀국할 때마다 변호사님께 인사를 드리러 왔고 2002년 5월말 공부를 끝마치고 귀국인사를 드리기 위해 역삼동 사무실을 방문했을 때 나는 통일과 정치사회 문제에 관심이 많았기에 언론사에서 일하고자 하는 계획을 갖고 있었다.

마침 김상철 변호사님은 당시 <미래한국신문> 창간을 준비하고 있었고 역삼동 사옥 2층을 <미래한국> 사무실로 개조하고 20여 명의 기자들과 편집위원진, 1천여 명의 주주와 임원진이 구성된 상태였다. 김 변호사님은 나의 계획을 듣자 내게 <미래한국>에서 일할 것을 즉각 제안했고 불과 며칠 만에 나는 마음을 굳히고 <미래한국> 창간 멤버로 참여하게 됐다. 탈북난민보호운동본부에서도 국제부장이라는 타이틀로 함께 일을 시작했다.

지인들 중에는 나보고 왜 조그만 신생 언론과 시민단체에서 일하느냐고 못미더워하는 이들도 있었지만 그런 말들이 내게는 조금의 영향도 미치지 못했다. 밭에 숨겨진 보물을 발견한 농부의 심정이랄까. 근무조건은 전혀 고려사항이 아니었고 나는 <미래한국>의 다른 기자들과 마찬가지로 회사의 사명社名처럼 '미래 한국'을 위해 일한다는 자부심으로 충만했다.

김상철 변호사님은 이제까지 볼 수 없었던 전혀 새로운 언론을 만들어 보겠다는 생각으로 기존 언론인 출신은 최대한 배제하고 연구원급 출신 기자들을 채용했다. 덕분에(?) 초기 3,4년은 매주 찾아오는 마감일마다 기자들이 다음날 아침까지 꼬박 밤을 새워야 했는데 고되기는 했지만 어느 누구도 불평이 없었다. 그만큼 김상철 변호사님의 비전과 리더십은 많은 사람들의 인생을 송두리째 헌신하게 할 정도로 강렬했고 그것은 본인 자신이 먼저 희생과 헌신의 모범을 보였기에 가능했다.

아내를 처음 만난 것도 1999년 여름 (변호사님을 거리 행사장에서 처음 만나뵙고 몇 주 후) 명동의 탈북난민보호 서명운동 현장에서였다. 미국으로 돌아가 공부를 계속하면서도 당시 대학생이었던 아내의 모습이 내내 깊은 인상으로 남아 있었는데 2002년 <미래한국> 입사 이후 연애를 시작하게 됐다. 20대 중반 판사 시절 변호사님은 당시 최고 권력자의 혼사 제의를 마다하고 법원에서 만난 장모님과 '전설적인 연애'를 하셨다는데 그래서인지 '회장님 딸'과의 만남은 부담스럽기보다 자유롭고 편안했다. 나는 상사의 눈치를 보지 않고 2년간 당당히 아내와 열애를 할 수 있었고 2004년 10월 9일 변호사님은 '주례자'가 아닌 장인어른으로 결혼식장에 오셨다.

주례가 아닌 장인어른으로 결혼식장에 오시다

가정에서 장인어른은 섬김의 리더십을 보여주셨다. 자신이 밖에서 '큰 일'을 하니 집에 오면 쉬거나 섬김을 받아야 한다는 식의 '구태의연한' 사고방식은 애초에 존재하지 않았다. 장모님을 늘 최고로 높여주셨는데 거의 매번 식탁에서 '오늘 밥이 참 맛있어', '오늘 당신이 유난히 예뻐 보이네' 등의 말이 오갔다. 매사에

감동을 잘하고 낙관적인 것은 타고난 성품이셨지만 본인의 노력도 컸을 것이다.

아내는 어려서부터 부모님이 부부싸움을 하는 것을 한 번도 본 적이 없다고 하는데 장인어른은 언젠가 내게 부부 사이에 기분 나쁜 일이 있을 때 먼저 말을 건네고 손을 내미는 것이 얼마나 힘들고 하기 싫은 일인지에 대해 얘기한 적이 있다.

장모님의 깊은 지혜와 기품, 내외적 아름다움은 장인을 더 빛나게 했다. 장인어른은 늘 장모님을 '여보~' '당신~' 하며 다정히, 그러면서도 자랑스러운 듯 집안이 쩌렁쩌렁 울리도록 바리톤으로 불렀고 모든 대소사를 빠짐없이 나눴기에 '동지'라고도 불렀다. 조금이라도 남는 시간이면 두 분은 늘 집 마당에 나가 꽃밭과 텃밭을 함께 가꾸셨다.

두 분의 사랑이 얼마나 각별했는지는 장인어른이 의식을 온전히 회복하지 못하고 병원에 입원해 있던 만 4년간 장모님이 단 한 순간도 곁을 떠나지 않고 지극정성 간호하는 모습만 봐도 알 수 있었다. 장모님은 장인어른이 병원에 있던 만 4년간 집에 오는 날이 거의 없었고 병실에서도 늘 쉴 틈이 없으셨다. 남편이 다시 회복될 것이라는 확고한 믿음과 혹시라도 알아차리실까봐 슬픈 기색을 드러내는 법이 없었다. 변호사님은 과연 누구보다도 인생에서 가장 '성공한' 분이셨다.

변호사님은 모든 사람들에게 칭찬과 격려의 말을 많이 했는데 2008년 12월 8일 갑자기 의식을 잃고 쓰러진 날 마지막으로 내게 한 말도 칭찬이었다. 그날 미래한국 조찬포럼에서 임태희 한나라당 정책위 의장이 강연을 한 뒤 내가 질문을 던졌는데 변호사님은 당시 목소리가 거의 안 나올 정도로 극도로 쇠약해진 상태에서도 "질문이 정말 좋았어"라며 칭찬했다. 그날 밤 집에서 병원 응급실로 향하기 직전 생애 마지막 말도 감사와 칭찬이었다.

"나는 결혼을 참 잘했어. 아내와 결혼한 게 내가 세상에서 가장 잘 한 일이야."

변호사님은 강직한 겉모습과 다르게 눈물이 많고 천성이 선하셨다. 2005년 아내가 첫 아이를 7개월 만에 조산해 잃었을 때 거실 창가에서 하염없이 눈물을 흘리며 앉아 계시던 장인어른의 모습이 생생하다. 아내는 당시 아버지의 눈물이 무엇보다 큰 위로가 됐다고 한다.

머리보다 가슴이 먼저

생전에 변호사님은 주변 분들에게 많은 도움을 줬다. 자신의 지혜와 지식, 인적 네트워크와 '정치적 자산'을 아낌없이 나눠주며 사용했던 분이었다. 자신의 인적 자산을 사용하는 것은 아무나 할 수 있는 일이 아니다. 그러한 자산을 갖추는 것도 어렵겠지만 그것을 기꺼이 사용하는 것은 진정한 관심과 애정이 있어야만 가능하다. 내가 지켜본 바로는 변호사님의 인적자산은 사용할수록 소모되는 것이 아니라 쓸수록 더 커지는 면이 있었다. 주변에 진정한 감동과 은혜들이 점점 쌓여왔기 때문이다.

변호사님이 누구보다 앞장서 80년대 민주화와 인권운동을 하고 90년대~2000년대에는 북한인권운동과 애국활동에 나설 수 있었던 것도 북한 동포에 대한 진정한 사랑과 대한민국에 대한 책임감, 주인의식이 있었기 때문이다.

그에게는 능력보다 진정성이 먼저였다. '서울고, 서울법대 3대 천재'라는 말을 들을 정도로 머리가 좋았고 일례로 영어를 할 때는 스피킹 speaking 을 리스닝 listening 보다 더 잘할 정도로 모든 생각과 할 말이 머릿속에 잘 정돈돼 있었음에도 불구하고 굳이 따지자면 변호사님은 '머리의 사람'이 아니라 '가슴의 사람'이었다.

어떤 사람이 변호사님이 시대를 앞서가며 국가적 이슈들을 주도해가는 것을 보면서 '아이템을 잘 선정한다'라고 평하는 것을 들은 적이 있는데 모욕적 표현이라고 생각했다. 시류에 영합하지 않고 '시대를 보는 눈'이 될 수 있었던 것은 계산하는 '머리'가 아니라 정의로운 '가슴'이 먼저였기 때문이다. 그리고 그의 정직, 정의의 기준은 기독교 신앙에서 나왔다. 그는 하나님의 주권과 성

경의 말씀을 100% 믿었으며 언제나 뜨겁게 기도했고 신앙 면에서 마치 '어린아이'와도 같았다. (중략)

그를 통해 시대를 보았다

한 가지 분명한 것이 있다. 김상철 변호사님은 자신에게 주어진 사명을 단 한 방울도 남김없이 모든 것을 쏟아 부으며 이루고 가셨다. 마지막 수년간 병원에 힘없이 누워계시며 눈물도 흘렸지만 그 또한 하나님의 시간표 안에 있었을 것이다.

나는 그를 통해 시대의 거인을 보았다. 현대사를 보았다. 희생과 사랑의 정신을 보았다. 겸손함, 능력과 추진력, 그리고 그 신앙의 근원을 보았다. 그의 정신은 오늘도 이어지고 있고 향후 뿌리 내려 더 큰 열매를 맺게 될 것이다.

<김상철 추모집, 그는 시대를 보았다> 중. 2009년 발간

김범수 칼럼집

미래한국여행 자유와 정의를 향하여

발행일	2024년 1월 2일
저 자	김범수
발행처	㈜미래한국미디어
	서울시 영등포구 국회대로 62길 산림비전센터 701호
전 화	070-4488-9693
디자인	홍용선
인 쇄	금강인쇄

ISBN   987-89-954169-2-1 03300
값 22,000원

* 이 책의 판권은 ㈜미래한국미디어에 있습니다.
  무단 전재와 복제를 할 수 없습니다.